MARTIN LUTERO

D1603094

Federico Fliedner

MARTIN LUTERO
Su vida y su obra

El justo por su fe vivirá.
Rom. 1:17

Libros CLIE
Galvani, 113
08224 TERRASSA (Barcelona)

MARTÍN LUTERO: SU VIDA Y SU OBRA

© 1980 por CLIE

8ª edición

Depósito Legal: B. 37.802-1989
ISBN 84-7228-563-4

Impreso en los Talleres Gráficos de la M.C.E. Horeb
E.R. nº 265 S.G. –Polígono Industrial Can Trias,
calles 5 y 8– VILADECAVALLS (Barcelona)

Printed in Spain

MARTÍN LUTERO

Retrato pintado por su amigo Lucas Kranach

Lutero, la Reforma y el Movimiento Evangélico de lengua española

por *Darío A. SantaMaría*

El libro que tienes entre manos, afortunado lector, es uno de los clásicos de ese Movimiento Evangélico español que en el siglo pasado diera origen al Protestantismo ibérico contemporáneo. Este es un libro popular, escrito por un misionero alemán, paisano y buen conocedor de Lutero y de su obra. Es un libro de fácil lectura, que condensa las realizaciones e intuiciones de Martín Lutero, uno de los hombres más influyentes en la historia del Cristianismo.

La bibliografía sobre Lutero es un verdadero océano. Los especialistas saben bien que hay todo un verdadero mar de libros, en todas las lenguas, que va subiendo constantemente y que hay que saber navegar en él para no ahogarse. Y, sin embargo, el presente libro es esencial, para quienes estén interesados en la Reforma, no solamente por la escasez de libros objetivos sobre la materia en nuestra lengua, mas también por el influjo que tuvo en el Protestantismo español de finales del siglo pasado y de la primera mitad del presente. Esta biografía de Lutero presenta de manera objetiva hechos y personas que en nuestros días de ecumenismo algunos estu-

I

diosos de la Iglesia oficial empiezan a aceptar, corrigiendo las calumnias, detracciones, mutilaciones y hasta blasfemias sobre la vida del reformador.

La Reforma es uno de los hechos clave de la historia moderna, está en el origen del progreso de los pueblos del norte de Europa; para los evangélicos es una vía de acercamiento al cristianismo primitivo y un método para renovar la Iglesia reformándola constantemente según los principios y prácticas de las comunidades apostólicas. Estos factores no han estado presentes de una manera influyente en los pueblos latinos, si exceptuamos una porción de la cultura francesa. España y los pueblos hermanos de América se cerraron herméticamente a este influjo benéfico y progresista desde el siglo XVI, y ello trajo consecuencias catastróficas que solamente en nuestros días se empiezan a corregir precisamente por la presencia cada vez más numerosa de iglesias evangélicas en todas nuestras naciones.

También en España hubo hombres influenciados por el pensamiento de Lutero. Sus libros circularon por la Península desde 1518. Su nombre nos lo encontramos ya presente en documentos oficiales castellanos contemporáneos a su comparecencia ante la Dieta de Worms (abril de 1521), y ya anteriormente nos encontramos con señalaciones de la circulación de sus tratados de controversia con Roma por ciudades españolas (1518 lo menciona una carta del impresor Froben a Lutero). Desde entonces la represión será feroz. Distintos serán los nombres que aparecen en los procesos inquisitoriales: Luterio, Eleuterio, Luterianos, Eleuterianos, para clasificar un delito que los jueces inquisitoriales castigarán siempre con la máxima pena. También aquí hubo evangélicos en el siglo XVI, pero la Inquisición fue también aquí más fuerte.

Así, mientras las iglesias evangélicas en Alemania, Inglaterra, los Países Escandinavos y en todo el norte europeo emprendían el camino de un cristianismo más conforme a sus propios orígenes, la Iglesia en España potenciaba la influencia de la Inquisición, en un concubinato con el poder público, para suprimir la libertad de conciencia de los españoles y cerrar el paso al Protestantismo.

Este libro es importante porque forma parte de algunas de las obras básicas para entender el Protestantismo español en su interpretación de la figura de Lutero y en las razones mismas de su reaparición como movimiento eclesial iniciado a principios del siglo XIX. Federico Fliedner, notable entre los pioneros de la llamada Segunda Reforma, transmite a los españoles la esencia de la Reforma iniciada por su paisano Martín Lutero.

La obra de Fliedner es un eslabón entre las primeras generaciones de protestantes españoles que testificaron valientemente la Fe Reformada pagando con su vida o con el destierro su obediencia al Evangelio, y las generaciones de nuevos evangélicos surgidas de la lectura clandestina de la Biblia, distribuida por anónimos colportores. Es un eslabón porque une a dos trozos de historia de nuestro movimiento evangélico, enseñando a los nuevos creyentes la historia de un hombre que volvió a dar a las masas cristianas la "fe que ha sido una vez dada a los santos".

La visión y entrega de Luis Usoz y Río rescató del olvido, a mediados del siglo pasado, una valiosa colección de clásicos del Siglo de Oro de lengua española escritos por seguidores de la Reforma.

"Reformistas Antiguos Españoles" es el título original de la colección y contiene títulos tan interesantes para la historia religiosa de la cultura española como: *Dos diálogos* (1528), por Juan y Alfonso de Valdés, sátira de las más bellas que produjese la prosa castellana del siglo XVI. Cervantes se inspira en ella, como puede verse comparando los consejos del rey a su hijo con los de Don Quijote a Sancho Panza (II parte, capítulo XLII). *Alfabeto cristiano* (1546), por Juan Valdés, "uno de los mejores prosistas de su tiempo"; *Historia de la muerte de Juan Díaz por determinación tomada en Roma* (1546), por Claudio Senarcleo, con prólogo de Martín Bucero; *Comentario sobre la Primera Carta de San Pablo a los Corintios; Comentario sobre la Epístola de San Pablo a los Romanos* (1856-1857), ambos escritos por Juan de Valdés; *Imagen del AnteCristo y Carta a Don Felipe II*, ambas, al parecer, obra de Juan Pérez (1558); *Artes de la Inquisición,* por R. G. Montes (1567); *Carrascón* (1623), por Fernando de Tejada.

Todos estos libros eran vendidos mayormente en la "Librería Nacional y Extranjera" que fundara el autor de este libro en 1873 y que reemprendería la edición de estos títulos cuando ya empezaron a faltar y sacaría a la luz pública muchos otros libros para evangelización y para enseñanza de las crecientes comunidades evangélicas españolas.

Todos estos libros son interesantes para nuestra historia porque son el producto de la experiencia de españoles que nunca dudaron de su identidad hispana y que fueron privados de sus derechos y privilegios solamente porque no se identificaban con la Iglesia oficial. El movimiento evangélico del siglo XVI no es de importación y llegó a centros importantes de la nobleza y de la Iglesia españoles. Si se identificó con el grito de Reforma lanzado por Lutero, no obstante sus raíces se hunden en los fermentos e inquietudes que animaban la sociedad española de entonces.

Estas afirmaciones que en el siglo pasado eran privilegio exclusivo de los protestantes, siempre deformados —como todas las de los demás españoles "distintos"— por la docta pluma de Marcelino Menéndez y Pelayo y su escuela, son en nuestros días compartidas por la vasta mayoría de los conocedores de la historia de nuestro quehacer espiritual, después de los profundísimos estudios del hispanista francés Marcel Bataillon.

El gran escritor francés descubre bastantes cosas de la historia de nuestro siglo xvi y pone de relieve la influencia de Lutero en Europa y de Ignacio de Loyola en España e Iberoamérica. El *Erasmismo* es un nombre para un fenómeno muy amplio que tuvo sus seguidores en toda Europa. En España, detrás de todo este movimiento están las ideas de la Reforma, que contará de su parte a los mejores hombres, sin excluir a Cisneros y a Cervantes, a los dos Fray Luises —el de León y el de Granada—, Arias Montano y Juan de Valdés.

Si toda nuestra mejor literatura está preñada de estas ideas de crítica sutil de la sociedad española y de anhelos de una renovación profunda de la Iglesia oficial y del hombre español por "el cristianismo primitivo", no obstante la Inquisición perseguirá todo antojo de herejía y no respetará más que lo que ignora o lo que bellamente bien escrito está y se apela a la clara letra de la Biblia y al ejemplo de los apóstoles.

No solamente los nombres se censuraban en los libros, las láminas se arrancaban (como hemos visto muchas veces en libros mutilados por los alguaciles de la Inquisición), sino que se quemaban y se castigaba también a los impresores, distribuidores y libreros que vendían los libros condenados por la Inquisición. Y recuérdese que estas prácticas no son tan antiguas o desconocidas por los hombres de Iglesia, porque todavía figuran en el Código de Derecho Canónico vigente en la Iglesia de Roma.

El libro de Fliedner —el primero, tal vez, sobre este tema publicado en España por un protestante, después de siglos de deformación de la figura del Reformador— tiene el valor de ser escrito por un alemán, buen conocedor de la lengua y mentalidad del Reformador pensando en el público español. Fliedner escribió este libro pensando en el gran público; entiendo aquí por gran público a la minoría de españoles que leían libros a finales del siglo pasado. Pero su influjo debió de ser grande especialmente en los círculos liberales e inquietos de la capital española, porque su librería servía a un notable grupo de hombres inquietos de Madrid y del resto de España, en una época cuando todos los libros pasaban por la censura y los que trataban temas religiosos habían de tener también el permiso de la Iglesia Católica Romana.

En nuestros días la figura de Lutero ha sido en cierto sentido descubierta y aceptada por un grupo de pensadores católicos romanos, como Luis Bouyer, el dominico Yves Congar, el "turco de la Iglesia de Roma" Hans Küng y muchos más. Es verdad que no toda su obra ha sido aceptada y que tampoco parecen haber captado la esencia misma del mensaje del Reformador, y que en España se han publicado solamente fragmentos de sus obras, pero el camino a formas más evangélicas de ser cristiano se deja sentir en algunos sectores de la Iglesia de Roma.

La obra de Lutero ha sido descubierta y está siendo estudiada bajo una óptica diferente por un grupo creciente de teólogos católicorromanos. La posibilidad remota de que Lutero fuese canonizado por la Iglesia de Roma, como pedía el obispo católicoromano de Dinamarca durante el Concilio Vaticano II, ha de ser tomada más bien como la propuesta "desesperada" de la avanzadilla de la Iglesia de Roma en un país donde la vida y la obra del Reformador han calado profundamente en la vida individual y colectiva de sus gentes.

La influencia de Lutero en pensadores de tanto mérito como los franceses Louis y Charles Bouyer y el dominico también francés Yves Congar, es muy conocida y ha estado en la base de la apertura que en bastantes lugares puede apreciarse con relación al "protestantismo" por parte del clero y de los laicos católicorromanos. Un autor contemporáneo, Hans Küng, es tal vez quien más ha querido llevar al seno de la comunión católicorromana las tesis de Martín Lutero. Este teólogo da muchos quebraderos de cabeza a los dirigentes conservadores del Vaticano y, a pesar de todos los esfuerzos por ponerlo fuera de su cátedra de Teología, su caso está muy en la palestra del pensamiento teológico de las distintas confesiones cristianas.

Muchos evangélicos conservadores alegarán que el pensamiento de Lutero no ha sido comprendido en sus últimas consecuencias *ni aun* por este grupo de teólogos abiertos a su influencia, es posible, pero el hecho palpable es que la Reforma empieza a ser estudiada con criterios más objetivos por hombres de la Iglesia que él quiso reformar con el Evangelio de la gracia y de la libertad y que terminó por excomulgarlo, y con él a media cristiandad.

En nuestra cultura española hay una nueva escuela de pensamiento en gestación; está compuesta por todos aquellos teólogos que se ocupan por el estudio de los movimientos reformistas y que analizan la reacción española ante el luteranismo. Rastreando las huellas de los libros de Calvino, Lutero, Ochino, Melanchton, Juan de Valdés, Carranza, Juan Pérez de Pineda, Cipriano de Valera, Casiodoro de Reina, Antonio del Corro, y de muchos más, es posible comprender las causas de la decadencia nacional por el fanatismo y oscurantismo de la Iglesia, que condenó a estos sus mejores hombres por haber querido poner el Evangelio por encima de las instituciones eclesiales.

La obra de Fliedner ha influido en bastantes hombres públicos de la España contemporánea, como el embajador Luis de Zulueta, Manuel Azaña, Largo Caballero, Miguel de Unamuno, Tomás de Madariaga, Sánchez Albornoz, que buscaron nuevas vías para el progreso de España. En la casa de don Miguel de Unamuno, hoy convertida en Biblioteca, he visto este libro subrayado y anotado por la mano certera del rector de Salamanca.

El estudio de Federico Fliedner —concluso y perfecto para su tiempo— posee la belleza de toda tarea inteligente y bien acabada. Tras su penetrante análisis se descubre al hombre de fe evangélica, al misionero venido de lejanas tierras que se hace uno con las inquietudes, angustias y preguntas de los españoles. Fliedner caló muy profundo en el genio español, y perteneció a esa generación de misioneros que venían para quedarse siempre entre nosotros, no para pasar una temporada preparando un ascenso brillante después en su país de origen. Arraigó tanto que sus hijos se han convertido después en pilares de un importante sector de nuestro protestantismo.

Toda auténtica construcción histórica es, en última instancia, expresión de la vida del historiador mismo. El deseo en esta biografía de Martín Lutero es no rebasar los límites de lo auténtico. El autor sabe muy bien que la figura del Reformador ha sido distorsionada por una apologética decadente que a toda costa defiende el Papado de Roma. Y, no obstante, el análisis no va más allá del concepto que Fliedner se ha formado de Lutero y de su obra. El libro trata esencialmente los hitos principales y las ideas claves en la vida del Reformador. En este sentido es un libro de comunicación evangelística, que presenta un mensaje con una invitación a seguirlo.

No queda un solo hecho ocioso o sin triturar analíticamente, ni sin exponer sugestivamente. Fliedner escribe sabiendo que en España y en los países de cultura española la figura de Lutero no es comprendida. De esta pirámide tan sabiamente arquitecturada no cabe remover piedra alguna. Repensar en otros libros sobre el asunto mismo sería, en cambio, el mayor homenaje que pudiera hacerse ante tan espléndida construcción. Por ello Editorial CLIE no ha retocado el texto, se ha limitado a su reedición, consciente de que los estudios sobre la materia han avanzado notablemente en los últimos años; pero invita a los evangélicos de lengua castellana a meditar un libro clásico y a producir otras obras dignas de la obra de uno de los principales pensadores cristianos.

La presentación de este libro —que en realidad no necesita de presentación alguna— se nos cambia sin querer en elogio. Produce en el lector una impresión de confianza y de seguridad, de suelo firme bajo sus pies. Podremos ahondar en sus investigaciones, añadir nuevos cimientos documentales, ahondar nosotros mismos en sus afirmaciones, pero no podemos cuestionar su tesis central ni la validez de sus argumentaciones. Fliedner sabe penetrar en la intimidad de la vida de Lutero y dar un corte en sus entrañas de Reformador para enseñarnos los secretos que animaban al hombre de Dios.

El espectáculo descrito por Fliedner sobre lo que vio Lutero en Roma (págs. 35-38) por desgracia es todavía válido, porque Roma es una ciudad pagana con los vicios de la vieja Roma, además de nuevas formas de idolatría inventadas por el paganismo moderno. Una gran porción de los romanos de nuestros días se ha alejado de la Iglesia Romana precisamente por los escándalos, que hoy se encubren con nombres más sofisticados que los de antaño. Es verdad que el Colegio de Cardenales cuenta con algunos hombres más espirituales, más sabios y más abiertos a los valores evangélicos, pero éstos son una minoría. Todavía el maquiavelismo, el espíritu mundano y el afán de poder rodea muchas de las decisiones de la "corte papal". Muchos teólogos de las distintas naciones que han ido a vivir a Roma son testigos de esta afirmación, que han denunciado con tonos parecidos a los del Reformador.

Muchas veces, durante mis años en la capital del catolicismo romano, he recorrido, siguiendo los escritos de Lutero, muchos de los lugares descritos por él. En la mayor parte, pocas son las cosas que han cambiado. La iglesia de Santa María del Popolo, donde dijera su última misa en la Roma papal, está casi lo mismo, y el curioso viajero o el turista inteligente y abierto al evangelio no podrá menos que sentir repugnancia ante el espectáculo de esas pobres gentes que de rodillas suben la "Scala Santa" (unas escaleras de lujoso mármol), cerca de San Juan de Letrán, para ganar su salvación. A pesar de tanta retórica, hay ambientes de la Iglesia Romana que desconocen la obra salvífica de Cristo e ignoran que durante la Edad Media se multiplicaron las supersticiones, que desgraciadamente son un escándalo —motivo de tropiezo— para quienes quieren buscar a Cristo en la historia y en la doctrina de la Iglesia de Roma. El grito de Lutero es muy actual en nuestros días para encontrar la credibilidad perdida por muchas Iglesias oficiales.

Es posible que necesitemos profundizar en algunos aspectos del pensamiento luterano y ellos proveerían nuevas intuiciones de animación y de vida espiritual para nuestras congregaciones precisamente en estos tiempos tan preñados de algunas de las características que antecedieron a la Reforma, y también tan llenos de problemas inéditos para todas las Iglesias cristianas. La bibliografía que añadimos en el apéndice nos serviría de pista, en parte. Ella es la síntesis de las investigaciones sobre el tema del libro desde que se publicó su última edición.

Sería muy útil la divulgación de la obra de Lutero como estudioso y como traductor de la Biblia, hecho que está en el corazón mismo de su obra como reformador. En estos días cuando abundan las nuevas traducciones de las Sagradas Escrituras hechas con todos los criterios, es conveniente no perder de vista la experiencia de la Reforma, especialmente teniendo presente que el interés por la Escritura y la renovación que se deja sentir en muchos círculos viene precisamente de un impulso nacido del genio del Reformador, al poner a la Iglesia cristiana en contacto con San Pablo y con el Evangelio puro.

Los escritos devocionales de Lutero son especialmente fecundos en intuiciones y en soluciones para los problemas que la vida diaria presenta al cristiano. Hombre de profunda fe, escribe a su buen amigo Melanchton: *"¡Tus cuitas no vienen de la grandeza de la causa, sino de tu incredulidad!";* y recomienda a sus colaboradores que tengan fe, porque Dios, en sus insondables designios, actúa en favor de los que le aman. Un librito escrito con el título de *Consolaciones* le sirvió de ayuda en algunos momentos difíciles; el pensamiento clave de esa obra es: "El Dios nuestro es una muralla, un refugio seguro..."

Estos escritos devocionales, sus comentarios a los Salmos, sus charlas de sobremesa con los amigos, nos revelan una faceta del alma del Reformador que no aparece en los textos de historia de los autores españoles. Nadie que haya leído estos escritos —ni los que lo quieren ni los que lo aborrecen— puede sustraerse al encanto de una piedad profundamente evangélica y al encuentro personal de Lutero con el Dios del Evangelio.

La participación de todos los creyentes en el culto por medio de los himnos es también una de las novedades de la Reforma. "El himno es tan importante como el sermón", dirá el Reformador; y todas las Iglesias evangélicas han conocido y cantado las enseñanzas bíblicas por medio de composiciones poéticas y musicales que en muchos casos tienen a Lutero por autor. La renovación de la Iglesia cristiana tiene en el canto popular uno de sus instrumentos más eficaces.

Las implicaciones sociales del pensamiento de Martín Lutero y de la Reforma en general son también ignoradas en nuestro medio. El prodigioso avance que en todos los campos ha tenido desde hace cuatro siglos el pueblo alemán es debido a la Reforma. Lo mismo podríamos decir de los ingleses, suecos, daneses, noruegos, holandeses y americanos del Norte. El país que se abre a la Palabra de Dios tiene *aun* en esta vida un progreso material y espiritual. Los profundos estudios de Max Weber sobre el tema son suficientemente conocidos entre los sociólogos. Pero las Iglesias de lengua castellana harían bien en beneficiarse del pensamiento social de la Reforma, para brindar a las masas la promoción humana que la Iglesia Católica Romana no ha sabido ofrecerles en los países latinos, especialmente en América del Sur.

El estudio de la dinámica de la predicación expositiva de Lutero haría que nuestros púlpitos de lengua castellana se convirtieran en el centro de animación de la comunidad cristiana, que a veces intenta renovarse por movimientos paraeclesiales que no siempre producen resultados de crecimiento en profundidad y en extensión de nuestros miembros y que alejan a muchos de nuestros mejores jóvenes de las congregaciones, haciéndoles gastar sus energías más como provocadores que como cristianos comprometidos con la comunidad a la que naturalmente pertenecen.

El pensamiento cristológico de Lutero —*"el cristianismo es Cristo"*— es muy importante en una cultura como la nuestra donde la Iglesia oficial ha tomado la forma de una superestructura de poder, lejana del pueblo, ligada a esos símbolos que Cristo más fustigó: "el prestigio, el poder y la púrpura", y que la Reforma corrigió al recordar que la misión de la Iglesia es la predicación del Reino de Dios. Cristo es todavía el gran ignorado en las "cristiandades" de América Latina, donde supersticiones, cirios, incienso y ritos paganos animan la vida "litúrgica" de congregaciones que tienen por centro un culto supersticioso a María la madre de Jesús, convertida en diosa pagana.

Este libro nos recuerda la responsabilidad de un nombre: *Cristianos Evangélicos;* nombre con el cual se designaba a nuestros padres luteranos, durante siglos, cuando aún no había empezado la inflación moderna de los nombres y de los apelativos. Jesucristo es el centro de la obra de Lutero, como él mismo dice en un pasaje famoso escrito cuando ya se empezaba a llamar "luteranos" a los cristianos reformados: *"Yo pido que nadie utilice mi nombre ni quiera llamarse luterano, sino cristiano. ¿Qué es Lutero?; la doctrina no es mía, y yo no he sido crucificado para nadie."* Hermoso consejo para quienes a veces, en digno afán de llevar el Evangelio puro, se quedan en los nombres sonoros de los grandes hombres de la historia del Cristianismo. Sí, el Cristianismo es Cristo, y la Palabra de Dios es la doctrina de Lutero. Por eso no perecerá jamás, como bien dicen las últimas líneas de este libro que tienes la gracia de tener entre manos.

Terrassa, verano de 1980

DATOS BIOGRAFICOS DE MARTIN LUTERO

1483   Nace Martín Lutero el 10 de noviembre en Eisleben.

1501/05 Estudios en Erfurt.

1505   Ingreso en el convento de agustinos en Erfurt.

1507   Ordenación sacerdotal.

1510/11 Viaje a Roma.

1512   Doctorado en Teología; profesor en Wittenberg.

1516   Editado por Erasmo, aparece en Basilea el primer Nuevo Testamento griego impreso.

1517   Las *Noventa y cinco tesis* (31 de octubre); comienzo de la discusión sobre las indulgencias.

1518   Lutero ante el cardenal Cayetano en Augsburgo.

1519   Gran discusión en Leipzig con el profesor Eck-Ingolstadt.

1520   Bula con la amenaza de excomunión "Exsurge Domine"; Lutero quema la bula públicamente el 10 de diciembre.

1521   Dieta de Worms, orden de destierro a Lutero; Lutero en Wartburg hasta 1522.

1522   Desórdenes en Wittenberg (iconoclastas); aparece en septiembre el Nuevo Testamento traducido al alemán por Lutero.

1524   La Dieta de Nürenberg acuerda celebrar un concilio nacional, que el emperador Carlos V prohíbe.

1525	Guerra de los campesinos. Muere el príncipe Federico el Sabio, protector de Lutero. Matrimonio de Lutero con Katherin von Bora.
1529	Conversación religiosa de Lutero con Zwinglio en Marburg/Lahn.
1530	Dieta de Augsburgo; "Confessio Augusta" (Confesión de Augsburgo). Lutero en la fortaleza de Coburgo.
1531	Unión de los príncipes protestantes en la Liga de Esmalcalda, que duró hasta 1546.
1534	Lutero termina su traducción de la Biblia.
1540	Aprobación por el papa Pablo III de la Orden de los jesuitas; la Orden se dedicó especialmente a perseguir a los herejes.
1541	Fundación del Estado eclesiástico de Ginebra por el reformador Juan Calvino (1509-1564).
1545	Convocatoria del Concilio de Trento, que duró hasta 1563 y formuló las contratesis a la Reforma.
1546	Muere Martín Lutero en Eisleben el 18 de febrero.

APENDICE

Nota bibliográfica sobre Lutero, la Reforma y los reformistas españoles

Las obras sobre Lutero son abundantísimas. El estudioso Boehmer decía en 1906 que eran más de 2.000 volúmenes, sin contar artículos, folletos, conferencias, etc. Desde entonces esta cantidad se ha multiplicado formidablemente. Los especialistas conocen esta lista en los diversos idiomas europeos. En castellano los títulos no son tan abundantes.

. Si bien este libro está escrito con espíritu divulgativo y popular, no obstante añadimos esta lista para aquellos lectores que quieran profundizar en tan interesante tema. Muchos de los títulos anotados contienen bibliografías abundantes sobre el tema.

I. Ediciones de las obras de Lutero.

1. *D. Martin Luthers Werke,* edición crítica, Weimar (edición de Weimar). Se inició su publicación en 1883, hasta ahora 100 volúmenes.

2. Otto Clemen: *Luthers Werke in Auswahl,* 1.ª ed., 1912, 8 vols. Sexta edición publicada por Kurt Aland, Berlín, 1966.

3. Dr. Buchwald y otros: *Luthers Werke für das christliche Haus*. Braunschweig (edición de Braunschweig), 1889, 8 vols.

4. Edición de Munich, publicada por Georg Merz, 6 vols., Munich, 1910.

5. D. W. Metzger: *Calwer Lutherausgabe*. Munich-Hamburgo, 1964, 12 vols., aún sin publicar por completo.

6. Karl Gerhard Steck: *Luther*. Introducción de Helmut Gollwitzer, Berlín-Frankfurt, 1955.

7. — *Luther*. Munich (Goldmann).

8. *Luther's Works,* American Edition by Concordia Publishing House, Saint Louis, Estados Unidos. Edición americana en inglés, hecha sobre la edición de Weimar, y de la que han aparecido 54 volúmenes hasta el presente, se preparan los índices. Hecha con la contribución de los mejores especialistas luteranos de habla inglesa.

9. *Obras de Lutero,* Editorial La Aurora, Buenos Aires. Han aparecido cinco volúmenes con selección de las *Obras Completas* en alemán.

En España han aparecido en los últimos años varias antologías con los principales escritos de Lutero; a continuación mencionamos una fácilmente asequible por su precio y formato popular, y que tiene un excelente prólogo del teólogo católicorromano Enrique Miret Magdalena, y que fue preparada por los evangélicos D. Giralt-Miracle, J. Grau Balcells y M. Gutiérrez Marín: *Martín Lutero: Antología,* Producciones Editoriales del Nordeste, 1968.

La correspondencia de Lutero es muy interesante para conocer muchos aspectos de la vida del Reformador que con frecuencia se tergiversan en muchos ambientes. A continuación citamos las principales ediciones:

La de Enders, *Luthers Briefwechsel,* 18 vols.
in-12 (1884-1923, t. I a XI por Enders, XII a XVI
por Kawerau, XVII y XVIII por Fleming y Al-
brecht), hubiera dispensado de las precedentes si Enders hubiera reproducido en los 11 primeros volúmenes las cartas en alemán, en lugar de señalarlas
remitiendo a las ediciones De Wette (*Luthers Briefe,
Sendschreiben und Bedenken,* 5 vols., Berlín, 1825-
1828 + 1 supl. por Seidemann, 1856) e Irmischer
(parte de Erlangen, t. LIII-LVI, 1853-6, cartas alemanas únicamente). La nueva edición adjunta a la
edición de Weimar (ed. Clemen; t. I, 1930; t. VIII,
1938, hasta finales de 1539) funde el conjunto.

II. Biografías y estudios.

En el apartado sobre la Reforma y los reformistas españoles mencionamos las principales obras españolas anteriores al libro de Fliedner.

Entre las más importantes obras aparecidas desde la segunda edición, preparada por su hijo Jorge
Fliedner y publicada en 1913, mencionamos:

Bibliografías de Wolf y de Schottenloher, bien
conocidas. Breve, puesta al día por L. Febvre, "Le
progrès récent des études sur Luther", *Revue d'Histoire Moderne,* n.° 1, 1926.

El ambiente:

Monografías, muchas referentes al problema plan-
teado por Troeltsch (*Die Bedeutung des Protestan-
tismus für die Enstehung der modernen Welt,* 1911
[*El protestantismo y el mundo moderno,* Breviarios,
51, Fondo de Cultura Económica, 1951]) y reanu-
dado en los *Soziallehren* del mismo; *cf.* Vermeil,
Revue d'Histoire et Philosophie religieuse, Estrasbur-
go, 1921. Comparar estas ideas de Troeltsch con las
de un puro historiador, Von Below: "Die Ursachen

der Reformation", 1917 (*Histor. Bibl.* de Oldenburg, n.º 38). En Francia, el t. III de los *Origines de la Réforme,* de Imbart de la Tour, 1914, trata en parte de Lutero.

Robert Stupperich: *Geschichte der Reformation,* Munich, 1967. Peter Meinhold: *Reformation im Bild: Orte und Menschen um Luther,* Berlín-Hamburgo, 1967. Helmar Junghans: *Die Reformation in Augenzeugenberichten,* Düsseldorf, 1967.

Sobre su vida:

A la cabeza, Denifle (una obra virulenta, casi panfletaria, escrita contra Lutero y la Reforma), *Luther und Luthertum in der ersten Entwickelung,* t. I, 1.ª y 2.ª ptes., Maguncia, 1904, 8.º; 2.ª ed. revisada, 1904-1906; t. II, póstumo, al cuidado del P. Weiss, 1905. El t. I, traducido por el abate Paquier, que puso un poco de orden y atenuó ciertas violencias, se convirtió en *Luther et le luthéranisme,* París, t. I, 1910 (2.ª ed., 1913); t. II, 1911 (2.ª, 1914); t. III, 1912 (2.ª, 1916); t. IV, 1916. Ni el t. II ni el trabajo complementario del P. Weiss, *Lutherspsychologie* (Maguncia, 1906), están traducidos.

Las principales biografías aparecidas en los últimos años son: Richard Friedenthal: *Luther: Sein Leben und Seine Zeit,* Munich, 1967. Heinrich Fausel: *D. Martin Luther: Leben und Werke.* Volúmenes 11 y 12 de la *Calwer Lutherausgabe,* Hamburgo, 1966. Roland Herbert Bainton: *Hier Stehe ich. Das Leben Martin Luthers.* (Traducido del inglés por H. Dörries.) Gotinga, 1952. Julius Köstlin: *Martin Luther. Sein Leben und Seine Schriften.* (Revisado por Gustav Kawerau), 5.ª ed., 2 vols., Berlín, 1903.

En castellano, traducido del alemán, la obra de Gottfried Fitzer: *Lo que verdaderamente dijo Lutero,* Ediciones Aguilar, S. A., 1968.

En esta misma lengua, entre obras originales y traducciones, destacamos: Edwin P. Booth: *Martín Lutero, Roble de Sajonia*. Traducción del inglés de una obra de este profesor de la Universidad de Boston en los EE.UU. hecha por Ed. La Aurora, Buenos Aires, 1955. Leonard S. Ingram: *Martín Lutero, el Fraile que conmovió al Mundo,* Impresora Mexicana, 1954. Pierre Mauy: *San Agustín, Lutero, Pascal*. Traducción del francés, Casa Unida de Publicaciones, México, 1944. Albert Greiner: *Lutero.* Traducción de la excelente obra del pastor y profesor universitario, publicada originalmente bajo los auspicios de la Iglesia Evangélica de Francia, Aymá, S. A. Editora, Barcelona, 1968. Lucien Fevre: *Martín Lutero*. También traducción del francés en la Colección de Breviarios del Fondo de Cultura Económica de México, tiene varias ediciones en francés y también en castellano. Alejandro Ferrer Rodríguez: *Lutero,* Editorial Bruguera, 1974. Ricardo García Villoslada: *Martín Lutero,* en dos volúmenes. Esta obra es un esfuerzo por entender a Lutero y es producto de las investigaciones de este profesor en la Universidad Gregoriana de Roma. Ed. BAC, Madrid, 1976. Juan Benito Alarcón: *Lutero: El Protestantismo,* Ed. Andina, 1976. Darío A. SantaMaría: "Escritura y tradición en los escritos exegéticos de Lutero", en *Oikoumenikon,* cuaderno 213, Roma, 1973. Varios autores: *Lutero y la Reforma,* Ed. Adara, 1976.

Sobre otros temas:

Por su interés para todos los traductores y revisores de la Biblia, mencionamos un libro aparecido recientemente en Alemania sobre la dinámica de la traducción de la Biblia de Lutero. El volumen estudia las traducciones alemanas anteriores a Lutero, los principios que lo guiaron en su obra literaria, los resultados de su labor y el valor perenne y actual de la traducción de la Biblia hecha por Lutero. **Pu**blicado contemporáneamente casi a la Revisión 1975-1977 del Nuevo Testamento de Lutero, da mucha luz en las discusiones habidas en Alemania con esta ocasión.

El libro y su autor:

Hans Volz: *Martin Luthers Deutsche Bibel* (La Biblia Alemana de Martín Lutero), Friedrich Wittig, 1978.

Los reformistas españoles y la Reforma en España:

Damos a continuación los títulos de la importante "Colección Reformistas Antiguos Españoles" (RAE) que empezara a editar Luis Usoz y Río, y que Federico Fliedner distribuiría años más tarde en su Librería Nacional y Extranjera en Madrid. No todos los títulos fueron reeditados entonces, pero damos las fechas de la edición príncipe y la de las ediciones más raras. Colección importante que necesita una popularización mayor para que se conozcan las raíces de nuestro protestantismo de lengua castellana:

Carrascón. Con licencia y privilegio A costa del Autor. Por María Sánchez Nodriza, 1633.

Segunda véz impreso por Usóz y Río (Tomo I de los *Reformistas antiguos españoles*). Madrid, 1847.

ENZINAS, Francisco de: *El nueuo testamento De nuestro Redemptor y Saluador Jesu Christo,* traduzido de Griego en lengua Castellana, por Francisco de Enzinas, dedicada a la Cesárea Magestad. M.D.XLIII. Acabóse de imprimir este libro en la insigne Cibdad de Enveres, en casa de Esteuan Mierdmanno, impressor de libros a 25 de octubre, en el anno del Señor de M.D.XLIII;

la Dedicatoria fecha en Amberes 1 de octubre de 1543.

— *El Nuevo Testamento* (trozos selectos). Volúmen VI de Obras clásicas de la Reforma. Buenos Aires, Librería La Aurora, 1943.

— *Reimpresión de la Dedicatoria* "Al Invictísimo Monarca don Carlos V, etc.", en *Prefacios a las Biblias castellanas del siglo XVI,* por B. Foster Stockwell; Buenos Aires, Librería La Aurora, 1939, páginas 21-28.

— *Dos Informaciones: una dirigida al Emperador Carlos V, i a los Estados del Imperio;* obras, al parezer, de Francisco de Enzinas, Prezede una *Suplicazión a D. Felipe II;* obra, al parezer, del Dr. Juan Pérez. Ahora fielmente reimpresa, i seguida de varios Apéndizes. Año de 1857. Madrid. Imprenta de Alegría. (Tomo XII de los *Reformistas antiguos españoles*), por Usóz y Río.

— *Memorias. Historia del Estado de los Países Bajos, y de la Religión de España.* Traducción del francés por Adam F. Sosa. Volúmenes VII y VIII de Obras clásicas de la Reforma. Buenos Aires, Librería La Aurora, 1943.

— *Trataditos,* publicados por Boehmer. Bonn, 1880; que contiene: el texto original de treinta y nueve Consideraciones; Qué cosa es imajen i semejanza de Dios, i cuál es la vía para venir al perfecto conoszimiento de Dios (págs. 123-163); De la penitenzia Cristiana de la fe Cristiana i del vivir Cristiano (págs. 163 y ss.).

— *El Evangelio según San Mateo, declarado por Juan de Valdés,* ahora por primera vez publicado, (Por Boehmer). Madrid, Librería Nacional y Extranjera, 1880: Imprenta de J. Cruzado.

— Comentario a los salmos. Escrito por Juan de Valdés, en el siglo XVI, impreso por primera vez. Madrid, Librería Nacional y Extranjera, 1885.

— *Ziento i diez considerazions de Juan de Valdés.* Ahora publicados por primera vez en castellano... Año de M.D.CCCLV.

— *Ziento i diez considerazions leídas y explicadas hazia el año de 1538 i 1539.* Por Juan de Valdés. Conforme a un manuscrito Castellano escrito el año 1558 existente en la Biblioteca de Hamburgo. Y ahora publicadas por vez primera con un fascímile... España. Año M.D.CCCLXII *(Tomo XVI de los reformistas antiguos españoles).*

— *Ziento i diez considerazions de Juan de Valdés.* Primera vez publicadas en castellano el año 1855 por Luis Usóz y Río, y ahora coregida nuevamente con mayor cuidado... Año M.D.CCCLXIII. Impreso en Londres: En casa de G. A. Claro del Borque. Acabóse de imprimir en el 28 del dézimo mes del año 1863. *(Tomo XVII de los reformistas antiguos españoles),* con muchas notas, apéndices y documentos sobre los hermanos Valdés.

— *Alfabeto Cristiano de Juan de Valdés.* Reimpresión fiel del traslado Italiano: añádense ahora dos traduzciones modernas, una en castellano, otra en Inglés (el original español se ha perdido) Londres. Año de M.D. CCCLXI *(Tomo XV de los Reformistas antiguos españoles).*

— *Comentario o declaración breve y compendiosa sobre la Epístola de S. Paulo Apostol a los Romanos, muy saludable para todo Christiano.* Compuesto por Juan Valdesio pio, y sincero Theologo. En Venecia, en casa de Juan Philadelpho. M.D.LVI (Conjetura Wiffen que el impresor sea Juan Crispin, de Ginebra).

— *Comentario o declaración familiar y compendiosa sobre la primera Epístola de san Pablo Apostol a los Corinthios, muy útil para todos los amadores de la piedad Christiana.* Compuesto por Juan W. pío y sincero Theologo. En Venecia en casa de Juan Philadelpho. M.D.LVII.

— *La Epístola de San Pablo a los Romanos i la I a los Corintios.* Ambdas traduzidas i comentadas por Juan de Valdés. Ahora fielmente reimpresas. Año de 1856. Madrid, imprenta de Alegría *(Tomos X y XI de los Reformistas antiguos españoles).*

— *Comentario á la Epístola de San Pablo á los Romanos por Juan de Valdés en el siglo XVI,* reimpreso en Madrid. Librería Nacional y Extranjera, 1895.

— *Comentario á la primera Epístola de San Pablo á los Corintios escrita por Juan de Valdés en el siglo XVI.* Ahora fielmente reimpreso. Madrid, Librería Nacional y Extranjera, 1895.

VALERA, Cipriano: *Dos Tratados. El primero es del Papa y de su autoridad colegido de su vida i doctrina, y de lo que los Dotores y Concilios antiguos, y misma sagrada Escritura enseñan. El segundo es de la Missa recopilado de los Dotores y Concilios y de la sagrada Escritura.* En casa de Arnoldo Hatildo, Año de 1588. (Esta edición no lleva el nombre del autor).

— *Dos Tratados. El primero es del Papa i de su autoridad colegido de su vida i doctrina. El segundo es de la Missa: el uno y el otro recopilado de los que los Dotores i Conzilios Antiguos i la Sagrada Escritura enseñan.* Item un exambre de los falsos milagros con qué María de la Visitación, Priora de la Anunziada de Lisboa, engañó a mui muchos: de cómo fué descubierta i condenada. Segunda edizión, augmentada por el mismo

Autor. En casa de Ricardo del Campo. Año de 1599. (Esta edición como la anterior son de Londres).

— *Los dos Tratados del Papa i de la Misa.* Escritos por Cipriano de Valera; i por él publicados en a. 1588, luego el a. 1599: i ahora fielmente reimpresos. Año M.D.CCCLI. Por Usóz y Río. *(Tomo IV de los Reformistas antiguos españoles.)*

— *Tratado para confirmar los pobres cautivos de Berbería en la católica i antigua fe i religión cristiana i para los consolar con la palabra de Dios en las aflicciones que padezen por el Evangelio de Jesucristo.* Al fin de este tratado hallaréis un exambre de los falsos milagros i ilusiones del demonio con que María de la Visitación priora de la anuanziada de Lisboa, engañó a mui muchos; i de cómo fué descubierta y condenada al fin del año 1588. En casa de Pedro Shorto. Año de 1594. (La edición es de Londres aunque no lo dice.)

— *Historia de la Muerte de Juan Díaz, por determinación tomada en Roma, le hizo matar su hermano Alfonso Díaz en el año 1546.* (Atribuída no sin razón a Francisco de Enzinas) Madrid, por Usóz y Río, *(Tomo XX de los Reformistas antiguos españoles), 1865.*

PÉREZ, Juan: *El Testamento Nuevo de nuestro Señor (sic) y Salvador Jesu-Christo. Nueva y fielmente traduzido del original Griego en romance Castellano.* En Venecia, en casa de Iuan Philadelpho. M.D.LVI.

Reimpresión de la dedicatoria "Al todopoderoso rey de los cielos y tierra, Jesucristo" y de la "Epístola en que se declara qué cosa sea Nuevo Testamento", en Prefacios a las Biblias castellanas. Op. cit., págs. 49-74.

— *Breve Tractado de doctrina Antigua de Dios i de la nueva de los hombres, útil y necesario para todo fiel Christiano.* 1560. Reimpresión de Usóz y Río: *Breve Tratado de doctrina útil para todo Cristiano.* (Dispuesto, al parezer, por el Dr. Juan Pérez. Año de 1560) *(Tomo VII Reformistas antiguos españoles),* 1852.

— *Epístola para consolar a los fieles de Jesu-Christo que padecen persecución por la confesión de su nombre, en que se declara el propósito y buena voluntad de Dios para con ellos, y son confirmados contra las tenaciones y horror de la muerte, y enseñados cómo se han de regir en todo tiempo, próspero y adverso.* No tiene lugar de impresión ni editor: dice sólo: De M.D.LX años. *Reimpresión* de Wiffen: *Epístola Consolatoria,* por Juan Pérez, reformador en el siglo XVI, página por página, del original; con una noticia previa sobre su autor en Español y en Inglés. Londres, 1848.

— *Breve Tratado de Doctrina Util y Epístola Consolatoria por Juan Pérez.* Nashville, Tenn., Estados Unidos. Casa Editorial de la Iglesia Metodista Episcopal del Sur, a cargo de los agentes Smith y Lamar, 1906.
Imajen del Antecristo. I Carta a don Felipe II. (Ambas sin fecha ni lugar de impresión). Fielmente reimpresas por Usóz y Río, 1849. *(Tomo III de los Reformistas antiguos españoles).*

— *Breve sumario de induljencias.* En apéndize, Una Caarta de Antonio del Corro. Usóz y Río, Madrid, 1862. *(Tomo XVII de los Reformistas antiguos españoles).*

Ponce de la Fuente, Constantino: *Summa de doctrina christiana...* compuesta por el reverendo señor el Doctor Constantino; fué impreso en la muy noble y leal ciudad de Sevilla; en la casa de Juan Cromberger; año de mil y quinientos y quarenta y cuatro; acabóse el primero día de abril.

— *Summa de doctrina christiana compuesta por Doctor Constantino. Item el Sermón de Christo nuestro Redemptor en el monte.* Traduzido en Castellano por el mismo Autor... Fué impresa en Sevilla en casa de Juan de León. A. Sancta María de Gracia. Año de 1545.

— *Cathecismo Christiano, compuesto por el Doctor Constantino. Añadióse la confesión d'un penitente, hecha por el mismo author.* En Anveres en casa de Guillermo Simón, a la enseña del Papagayo. 1556. Con privilegio.

Estos libros junto a otros, fueron reimpresos por Usóz y Río en el *tomo XIX de los Reformistas españoles* en la siguiente forma: *Summa de doctrina cristiana. Sermón de nuestro redentor en el monte. Catecismo cristiano. Confesión del pecador. Cuatro libros compuestos por el Doctor Constantino Ponce de la Fuente.* De la perfección de la vida. Del gobierno de la casa. Dos epístolas de S. Bernardo romanzadas por el Maestro Martín Navarro. Reimpreso todo fielmente, conforme a las ediciones antiguas. Madrid. Año de M.DCCC.LXIII.

— *Confesión de un Pecador. Sermón de Nuestro Redentor en el Monte. Suma de Doctrina Cristiana.* Tres libros compuestos por Constantino Ponce de la Fuente. Nashville, Tenn., Estados Unidos. Casa Editorial de la Iglesia Metodista del Sur. A cargo de los agentes Smith y Lamar, 1909.

REINA, Casiodoro de: *La Biblia, que es los sacros libros del viejo y nuevo Testamento Trasladada en Español.* Anno del Señor M.D.LXIX, en Septiembre. (En Basilea.) Esta edición de la Biblia, revisada por Cipriano de Valera en 1602 (véase más adelante), es la versión clásica de la Biblia al idioma español. Ha sido adoptada por los protestantes hispanos. Esta Editorial acaba de publicar una nueva edición, puesta al día, llamada *Revisión 1977* de la Biblia de Reina y Valera (CLIE, 1979).

— Reimpresión de la "Amonestación del Intérprete de los sacros Libros al Lector y a toda la Iglesia del Señor, en que da razón de su traslación así en general, como de algunas cosas especiales", en Prefacios a las Biblias castellanas, Op. cit., págs.

VALDÉS, Juan de: *Diálogo de Doctrina Cristiana,* por primera vez en Alcalá de Henares año 1529. Reimpreso en Madrid, 1929.

— *Diálogo de Mercurio y Carón,* por primera vez en español, 1529. Reimpreso por Usóz y Río, junto al *Diálogo de Lactancio y Arcediano,* (sin fecha) del mismo autor, en Dos Diálogos *(Tomo IV Reformistas antiguos españoles)* 1850.

— *Tratado para confirmar en la fe cristiana a los cautivos de Berbería. Compuesto por Zipriano de Valera ó por él el A. 1594.* Ahora finalmente reimpreso. Madrid, 1854. *(Tomo VIII de los Reformistas antiguos españoles)* por Usóz y Río.

— *El Testamento Nuevo de Nuestro Señor Jesu Christo.* En casa de Ricardo del Campo. M.D.XCVI. (Sin lugar, pero es de Londres.)

— Reimpresión de la *Introducción* en *Prefacios a las Biblias castellanas del siglo XVI.* Op. cit., págs. 127-134.

— *Institución de la religión Christiana, compuesta en cuatro libros y dividida en capítulos. Por Juan*

Calvino. Y ahora nuevamente traduzida en Romance Castellano. Por Cypriano de Valera. En casa de Ricardo del Campo 1597. Contiene además: "A todos los fieles de la nación española que desean el adelantamiento del reyno de Jesu Christo. Salud" (Advertencia de Cipriano de Valera.)

— *Institución Religiosa escrita por Juan Calvino el año 1536 y traduzida al castellano.* Por Zipriano de Valera. Segunda vez fielmente reimpresa, en el mismo número de páginas. Madrid: Imprenta de José López Cuesta, 1858 *(Tomo XIV de los Reformistas antiguos españoles).*

— Reimpresión de la advertencia de Cipriano Valera: "*A todos los fieles de la nación española que desean el adelantamiento del reino de Jesucristo: Salud*", en la Institución de la Religión Cristiana, traducida directamente del latín por Jacinto Terán. Buenos Aires, Librería La Aurora, 1936.

— *Aviso a los de la Iglesia Romana sobre Indicción de Jubileo por la Bulla del Papa Clemente Octavo.* En casa de Ricardo del Campo: 1600. Reimpreso en igual forma por Usóz y Río al fin del Tratado para los cautivos de Berbería *(Tomo VIII de los Reformistas antiguos españoles).*

— *La Biblia. Que es los Sacros Libros del Vieio y Nuevo Testamento.* Segunda edición. Revisada y conferida con los textos Hebreos y Griegos y con diversas translaciones. Por Cypriano de Valera. En Amsterdam. En casa de Lorenzo Jacobi. M.D.CII.

— Reimpresión de la *Dedicatoria* "A los ilustrísimos y potentísimos Estados de las Provincias confederadas y el excelentísimo Príncipe de Orange, don Mauricio Massovio", y de la "*Exhortación al cristiano lector a leer la sagrada Escritura.*

En la cual se muestra cuáles sean los apócrifos", en *Prefacios a las Biblias castellanas del siglo XVI,* op. cit., págs. 137-192.

Los libros sobre la Inquisición española están llenos de alusiones al movimiento evangélico español en sus diversas denominaciones clásicas: Reformistas, Luteranos, Calvinistas, Anabaptistas, Anglicanos, Evangelistas, etc. El estudioso sabrá encontrar estas pistas en los archivos y libros antiguos.

Libros importantes sobre el Protestantismo español son:

III. Bibliografía general.

BATAILLON, Marcel: *Erasmo en España,* Fondo de Cultura Económica, México, 1950. Traducción de esta obra monumental del gran hispanista francés. Bataillon traza magistralmente la historia espiritual de la España del Siglo de Oro buscando las fuentes de ese movimiento genéricamente llamado *erasmismo* que, en realidad, oculta toda una serie de influencias reformadas.

BOEHMER, Edward: *Spanish Reformers.* Strassburg, Karl J. Trubner; London. Trubner, 1874-1904.

BÜSCHING: *De Vestigiis Lutheranismi in Hispania,* una obra bastante rara del siglo XVIII y que se conserva en la Biblioteca de la Universidad de Gottinga.

ILLESCAS, Gonzalo de: *Historia Pontifical y Católica,* Burgos, 1578. Obra importante, escrita por un historiador católicorromano, con interesantes datos sobre los procesos contra los protestantes del siglo XVI. Una importante edición de este libro fue hecha en Barcelona en 1606. Algunas interpolaciones aparecidas en ediciones posteriores deforman aún más la vida y obra de algunos mártires evangélicos españoles y ciertamente no aparecen en la edición príncipe.

LLORENTE, Juan Antonio: *Historia Crítica de la Inquisición Española.* Obra esencial sobre la materia, publicada primero en francés en París en 1818 por este ex secretario de la Inquisición en Madrid, prófugo religioso-político por entonces en la capital francesa. Llorente tuvo acceso a documentos raros por los cargos que desempeñó en la Iglesia oficial.

M'CRIE, Tomás: *La Reforma en España en el siglo XVI.* Versión del inglés por A. F. Sosa. Librería La Aurora, Buenos Aires; Casa Unida de Publicaciones, México, 1942.

MENÉNDEZ Y PELAYO, Marcelino: *Historia de los Heterodoxos Españoles.* Madrid, Librería General de Victoriano Suárez, 1928. Obra hecha por este erudito cuando era aún un joven estudioso, en base a un cuaderno que el sabio evangélico Luis Usoz y Río dejara en herencia, juntamente con otros documentos, a la Biblioteca Nacional de Madrid. Las conclusiones a las que llega Menéndez y Pelayo han influido mucho en la historiografía española tradicional. Sus afirmaciones sobre la vida de los protestantes españoles están deformadas por toda una serie de prejuicios apologéticos que en nuestros días muchos historiadores más objetivos empiezan a corregir en honor a la Verdad, para bien de la ciencia histórica y para el buen nombre de la ciencia española.

NIETO, José C.: *Juan de Valdés y los Orígenes de la Reforma en España e Italia,* Fondo de Cultura Económica, Madrid, México, Buenos Aires, 1979.

— *Prefacios a las Biblias Castellanas del siglo XVI.*

Con notas biográficas por B. Foster Stockwell. Buenos Aires, Librería La Aurora, 1939.

TELLECHEA IDÍGORAS, José Ignacio: *El Arzobispo Carranza y su tiempo,* 2 tomos, BAC, Madrid, 1968. Magistral estudio sobre el proceso más famoso de la Inquisición española. Este joven estudioso de la Universidad de Salamanca ha dado evidencia de una manera distinta de hacer la historia de los "disidentes" en España. Autor de numerosos libros sobre la Reforma en España, la Inquisición y la Teología del siglo XVI, forma parte de un grupo de historiadores españoles contemporáneos más objetivos y veraces en su hacer historia de los evangélicos. Sus obras son numerosas.

VILA VENTURA, Samuel, y SANTAMARÍA ATEHORTUA, Darío: *Enciclopedia Ilustrada de Historia de la Iglesia,* Ed. CLIE, 1979. Trata muchos aspectos de la Reforma, los reformistas españoles y movimientos evangélicos españoles e hispanoamericanos.

VILA VENTURA, Samuel: *Historia de la Inquisición y la Reforma en España,* Ed. CLIE, 1978. Libro escrito en estilo ameno y con sentido divulgador por uno de los patriarcas del movimiento evangélico actual; es el resultado de investigaciones en los archivos nacionales de la Inquisición.

WILKINS, C. A.: *Spanish Protestants in the Sixteenth Century.* London, William Heinemann, 1897.

PRÓLOGO DE LA EDICION ANTERIOR

La primera edición de esta biografía de Lutero
se debe a la pluma de D. Federico Fliedner, y
fué publicada en 1878. Con posterioridad a esta
fecha, y con motivo del cuarto centenario del
nacimiento del Reformador, recibieron un impulso muy importante todas las investigaciones
históricas relativas a aquella época, señalándose
en estos estudios de un modo especial el docto
catedrático de la Universidad de Halle-Wittem-
berg, Julius Köstlin. La biografía de Martín Lutero, publicada por este sabio en 1883 y considerada con razón como clásica y merecedora de ab-
soluta confianza en cuanto a los datos históricos,
es una de las autoridades que se han tenido en
cuenta al hacer la revisión que ahora se ofrece
al público de lengua castellana. Pero se debe
hacer constar que ha sido muy reducido el número de correciones que hubo que hacer, prueba
clara de la exactitud y esmero con que se realizó
el trabajo original, cuyas alteraciones son de
fácil explicación, si se tiene en cuenta el ya
mencionado y grande desarrollo que tomó la
ciencia histórica alemana en los treinta y cinco
años que median desde que se hizo la primera
edición hasta confeccionarse la actual.

Es natural que el juicio que la obra de Lutero merece a los católicos romanos, difiera mucho del aprecio, la admiración y gratitud con que le consideran los evangélicos. Si, por diferencias de opiniones religiosas y políticas, algunos católicos, prescindiendo de la exactitud histórica, se han atrevido a calumniar a Lutero de la manera más vil, y algunos ignorantes repiten con fruición esas inmundicias, aquel que es la Verdad y la Vidad se lo perdonará si se arrepintieren, y si no, en su día se lo demandará: que a la larga, ni la baja envidia, ni la calumnia infame pueden prosperar contra la verdad, sino que caen al fin sobre el infeliz que las emplea, así como la piedra lanzada al cielo, necesariamente tiene que volver a la tierra.

JORGE FLIEDNER

Madrid, Julio de 1913.

Debemos dar testimonio de nuestra gratitud a nuestros queridos amigos el Rev. F. Blecher, Secretario de la Unión Alemana de Esfuerzo Cristiano, y a D. Adolfo Nitz, ferviente amigo de España, que nos han facilitado las excelentes fotografías cuyas reproducciones ilustran esta nueva edición de la biografía del gran Reformador.

N. del E.

MARTIN LUTERO

EL JUSTO POR SU FE VIVIRÁ

(Rom. 1. 17.)

CAPÍTULO PRIMERO

NACIMIENTO, INFANCIA Y JUVENTUD DE LUTERO

El 10 de Noviembre de 1483, a las once de la
noche, en Eisleben, dió a luz Margarita Ziegler,
esposa de Juan Lutero, minero de Moehra, un
niño que fué bautizado al día siguiente en la
iglesia de San Pedro del mismo pueblo, y recibió
el nombre de Martín, por ser este día consagra-
do a San Martín. Nació el pequeño Martín en
circunstancias especiales porque habían ido sus
padres a Eisleben poco tiempo antes de que vi-
niera al mundo tal hijo. La humilde casa en que
nació, se ve aún hoy en Eisleben. Sobre la puerta hay un busto del Reformador, al rededor del
cual se lee la inscripción siguiente:

La palabra de Dios es la enseñanza de Lutero:
por eso no perecerá jamás

Hoy se emplea dicha casa como escuela para los niños pobres de Eisleben; en ninguna parte mejor podía y debía establecerse un centro de enseñanza, que allí donde nació el que más tarde, con su reforma, había de dar tanto impulso a la ciencia, y especialmente a la pedagogía.

Cuando en este edificio tan sencillo, y en la hora silenciosa de la media noche, la pobre madre dió a luz aquella criatura, ¿quién hubiera pensado entonces que este niño, hijo de padres tan pobres, habría de libertar un día a más de la mitad del mundo, de las tinieblas en que estaba sumergido, y con el poder de la Palabra de Dios haría vacilar el trono de los papas? Pero éste es el camino ordinario de la Providencia: los principios y los instrumentos son muy humildes, pero el fin es glorioso. Dios, para hacer grandes cosas, se sirve generalmente de hombres humildes y de poca nombradía. El reformador de Suiza, Zuinglio, nació en la choza de un pastor de los Alpes; Melanchton, el teólogo de la Reforma, en la tienda de un armero, y Lutero en la choza de un minero pobre.

Su padre, que era natural de Moehra, pequeño pueblo de Turingia, trasladó, medio año después del nacimiento de Martín, su domicilio a Mansfeld, tres horas distante de Eisleben. Allí, en un hermoso valle donde serpentea el río Wipper,

Estatua de Lutero en su ciudad natal

Casa donde nació Lutero en Eisleben

se deslizó también suavemente la infancia de Lutero; allí recibió la primera instrucción. Al principio, sus padres se encontraron en tal estado de pobreza que la madre recogía leña y la llevaba a las espaldas para venderla y poder ayudar al sostén de sus hijos. El pequeño Martín la acompañaba muchas veces, y ayudaba en esta humilde faena. Pero poco a poco mejoraron las circunstancias. Dios bendijo el trabajo del padre de manera que más tarde llegó a tomar en arriendo dos hornos de fundición en Mansfeld; y ya en 1491 le eligieron sus conciudadanos concejal del Ayuntamiento.

Hallándose Juan Lutero en esta posición más desahogada, tuvo ocasión de cultivar la amistad de los que entonces eran tenidos por sabios, los eclesiásticos y maestros, a quienes con frecuencia convidaba a su mesa, y con quienes conversaba sobre las cosas del saber humano. Tal vez estas conversaciones, oídas por Martín desde sus más tiernos años, excitaron en su corazón la ambición gloriosa de llegar algún día a ser un hombre docto.

Como personas piadosas, educaron los padres a Martín desde la niñez en el santo temor de Dios; usaban con él, al estilo de aquellos tiempos, de bastante severidad, en términos que le tenían muy amedrentado. El mismo dice: «Mi padre me castigó un día de un modo tan violento, que huí de él, y no quise volver hasta que me trató con más benignidad. Y mi madre me

pegó una vez por causa tan leve como una
nuez, hasta hacer correr la sangre.»

A pesar de esta severidad de sus padres, Lutero los tuvo siempre en la mayor estima; porque sabía que habían procurado sólo su bien.
Melanchton dice de la madre de Lutero que era
una mujer a la cual todas las otras podían y debían tomar como ejemplo y dechado de virtud.
Martín dedicó más tarde a su padre un libro sobre la «disciplina de los conventos», y quiso
perpetuar la memoria de sus padres poniendo sus nombres en el formulario de
matrimonio bajo la fórmula: «Juan, ¿quieres
tomar a Margarita por tu esposa legítima?», dando así un testimonio público de su amor filial.
El padre murió el 29 de Mayo de 1530, y Lutero
se entristeció mucho de su muerte. Estaba a la
sazón ausente de Wittemberg en el Castillo de
Coburgo, donde permaneció mientras se celebraba la dieta de Augsburgo; y su esposa Catalina le envió entonces, para consolarle, el retrato
de su pequeña hijita Magdalena, la cual murió
pocos años después. Margarita no pudo sobrevi-
vir mucho tiempo a la pérdida de su esposo. Un
año después pasó ella también a la patria mejor.
Su gran hijo estaba a la hora de su muerte también lejos de ella; trabajos importantes le impedían hacer un viaje largo para acudir al lado de su
querida madre; pero no por eso olvidó sus deberes de hijo. Cuando tuvo noticia de la enfermedad de su madre y comprendió que sería la últi-

ma, quiso consolarla por una carta, ya que no le era posible hacerlo de palabra.

Hemos querido insertar íntegra esta carta, que se ha conservado providencialmente entre sus obras, porque en ella se revelan los sentimientos de aquel hombre a quien sus adversarios pintan con los rasgos y colores de un monstruo.

«Mi querida madre:

»He recibido la carta de mi hermano Jacobo sobre vuestra enfermedad, y en verdad siento mucho no poder estar con vos personalmente, como son mis deseos. Dios, Padre de todo consuelo, os dé por su santa palabra y su Espíritu una fe firme, gozosa y agradecida, para que podáis vencer esta necesidad, como todas, con bendición, y gustar y experimentar que es mucha verdad lo que él mismo dice: «Confiad, porque yo he vencido al mundo.» Yo recomiendo vuestro cuerpo y alma a su misericordia. Amén. Piden por vos todos vuestros nietos y mi Catalina. Unos lloran, otros cuando están comiendo dicen: «la abuela está muy enferma.» La gracia de Dios sea con vos y con nosotros. Amén. El sábado después de la Ascensión, 1531. Vuestro querido hijo,

DOCTOR MARTÍN LUTERO.»

Confiando firmemente en esta misericordia divina a cuyas manos el hijo lejano la había encomendado, partió de este mundo. El mismo pastor de Eisleben, que había oído de los desfallecidos labios de los padres de Lutero la confesión de su fe; que había dado la última bendición, tanto a Margarita como a su esposo difunto, escuchó también, quince años después cómo el Reformador moribundo, «el querido hombre de Dios», invocaba por última vez el nombre del Señor.

Pero volvamos a la niñez de Lutero.

Cuando llegó a la edad en que debía empezar su instrucción, sus padres invocaron sobre él la bendición de Dios y le enviaron a la escuela. Tampoco allí encontró una disciplina suave ni atractiva. En más de una ocasión su maestro le castigó varias veces en un día, y cuando Lutero lo refiere, añade: «Bueno es castigar a los niños, pero es lo principal amarlos.» Sin embargo, sus adelantos en la escuela eran grandes, y pronto aprendió los diez mandamientos, el credo, el padrenuestro, himnos, salmos, oraciones y lo demás que en aquellos tiempos se enseñaba en las escuelas.

El padre de Lutero quería hacer de él un hombre docto, de lo cual el talento singular y la aplicación extraordinaria del muchacho le permitían abrigar esperanzas muy fundadas. Así que cuando Martín cumplió once años su padre le envió a Magdeburgo, donde existía un famoso colegio. Allí empezó el Señor a preparar el espíritu de Lutero para la obra grande a que le tenia destinado. Joven, alegre y vivo, era al mismo tiempo dado a la piedad y a las prácticas reli-

giosas, y frecuentaba con mucho interés, el año
que permaneció en Magdeburgo, los sermones
enérgicos que allí predicaba Andrés Proles, pro-
vincial de los agustinos, sobre la necesidad de
reformar la religión y la Iglesia. Estos discursos
fueron quizá los que sembraron en el ánimo de
Lutero las primeras semillas de la idea de la Reforma. Después de haber estudiado allí un año,
se trasladó, con el consentimiento de sus padres,
a Eisenach, esperando que los parientes de su
madre que allí moraban le ayudarían a su soste-
nimiento.

Los parientes en nada se cuidaron del adoles-
cente; y como su padre era entonces todavía muy
pobre, el joven Martín se vió obligado, según
las costumbres de aquellos tiempos, a ganar su
pan, en unión de otros pobres escolares cantando
de puerta en puerta. Y más de una vez los pobres
muchachos recibían, en lugar de dinero o pan,
malas palabras y reproches. Pero una mujer piadosa y bastante rica, la esposa del ciudadano de
Eisenach, Conrado Cotta, había fijado su atención, ya hacía tiempo, en Martín, y le recibió en
su casa generosamente, prendada de la piedad
que el joven mostraba en sus cantos y oraciones.
Las crónicas de Eisenach la llaman *la piadosa
Sunamita,* en recuerdo de la que en antiguos
tiempos recogió en su casa al profeta Eliseo.
Así pudo Martín dedicarse de lleno al estudio,
sin que le distrajeran los cuidados de la vida, y
lo hizo con tanta aplicación y celo, que realizó

grandes progresos en todas las ciencias. Como la señora de Cotta amaba mucho la música, Martín aprendió a tocar la flauta y el laúd, y la acompañaba cantando con su bella voz de contralto.

Andando los tiempos, cuando un hijo de Conrado Cotta fué a estudiar a la Universidad de Wittemberg, siendo ya Lutero un doctor renombrado, éste le sentó a su mesa, acordándose y agradeciendo de esta manera lo que los padres del estudiante habían hecho con él en su juventud. Recordando muchas veces la caridad de aquella mujer, decía: «Nada hay más dulce en la tierra que el corazón de una mujer en que habita la piedad.» Y hablando sobre los jóvenes, que más tarde, en Alemania, buscaban su sostén de aquella manera, decía: «No despreciéis a los muchachos que piden cantando por las puertas *panem propter Deum* (pan por amor de Dios); yo también he hecho lo mismo: es verdad que más tarde me ha sostenido mi padre con mucho amor en la Universidad de Erfurt, manteniéndome con el sudor de su rostro; pero comoquiera, yo he sido mendigo, y ahora, por medio de mi pluma, he llegado a tal situación, que no quisiera cambiar de fortuna con el mismo gran turco. Hay más: aun cuando amontonasen todos los bienes, no los tomaría a cambio de lo que tengo; pero no hubiera llegado al punto en que me hallo, si no hubiera ido a la escuela y hubiera aprendido a escribir.»

En el año 1501, los padres de Martín le enviaron a la Universidad de Erfurt y costearon su carrera con el producto de su trabajo en Mansfeld. Aquí también se aplicó mucho a sus estudios; sus maestros le tenían en mucha estima, y pronto sobrepujó a la mayor parte de sus discípulos. Contaba entonces diez y ocho años, y no solamente pensaba en el desarrollo de sus facultades, sino que tenía también muy presente a Aquel de quien viene la fuerza y la bendición para toda obra. Aunque era un joven alegre y jovial, siempre empezaba por las mañanas su trabajo con oraciones fervientes y asistiendo a la iglesia. Toda su vida llevó este refrán como lema: «Haber orado bien, adelanta en más de la mitad el trabajo de estudiar.»

Pero Dios tenía reservada una misión especial para aquel joven diligente y piadoso, y pronto empezó a prepararle para ella. El debía abrir al mundo el libro de los libros, la Sagrada Escritura, y el Señor le ayudó para que la conociera pronto. Debe tenerse en cuenta que en aquel tiempo la Biblia era un libro desconocido para el vulgo. Millones y millones de cristianos morían sin haber visto un ejemplar. Las causas eran varias. Apenas se había inventado la imprenta, y en su consecuencia, casi todos los libros eran todavía manuscritos, y el precio de ellos exorbitante. Una Biblia en aquella época costaba una suma casi equivalente a mil pesetas. Otra de las causas era que había muy pocas Biblias escritas en lengua vulgar; la mayor parte lo eran en hebreo, griego y latín. Y aun cuando algunas veces este libro se encontrase escrito en el idioma del país, los fieles, sin embargo, no podían leerlo, porque la Iglesia lo tenía prohibido. No querían los papas que el pobre pueblo, leyendo la Biblia se apercibiese de las enseñanzas erróneas con que se había desfigurado y obscurecido el Evangelio puro y sencillo de Cristo.

Así se comprenderá la alegría que inundó el corazón del joven estudiante, cuando un día revolviendo libros en la biblioteca de la Universidad de Erfurt, se encontró con una Biblia latina. Hasta entonces había creído que los Evangelios y las Epístolas que se leían todos los domingos y días festivos en la iglesia, constituían por sí solos toda la Sagrada Escritura. Ahora abre la Biblia y, ¡oh maravilla!, encuentra tantas páginas, tantos capítulos y libros enteros, de cuya existencia no tenía la más remota idea. Su espíritu se estremeció de placer; estrechó el libro contra su corazón, y con sentimientos que no se pueden imaginar, presa de una excitación indescriptible, lo leyó página por página.

Una de las primeras cosas que llamaron su atención fué la historia de Ana y del joven Samuel (1.º Samuel). Su alma se inundó de placer cuando leyó que aquel niño fué dedicado al Señor por toda su vida; cuando saboreó todas las bellezas del cántico de Ana y vió cómo el joven Samuel creció y se educó en el templo ante los

Casa de la señora Úrsula Cotta, en Eisenach

ojos de Dios. Toda esta historia inunda su alma
de sentimientos hasta entonces desconocidos,
cual un descubrimiento nuevo. Su deseo y oración continua era ésta: «¡Ojalá que Dios me de-
parase un día un libro tan precioso!» Desde entonces frecuentó mucho más la biblioteca, para
recrear su corazón con el tesoro que allí había
encontrado.

¡Altos e inescrutables planes del Señor! Aquel
libro, así escondido entre los demás de la biblioteca, fué el que más tarde, vertido por Lutero al
alemán, había de formar la lectura cotidiana de
todas clases de la sociedad alemana, y esparcir
en aquel país y en todo el mundo la luz divina,
encendida por Dios mediante los Sagrados es-
critores, y sacrílegamente ocultada por los lla-
mados vicarios de Jesucristo y sucesores del
apóstol Pedro.

Poco después contrajo una enfermedad grave
y peligrosa, consecuencia de su asiduo trabajo.
Ya había hecho testamento y encomendado su
alma al Señor, cuando le visitó un viejo sacerdote, que le consoló con las siguientes palabras:
«Mi querido bachiller, cobra ánimo, porque no
morirás de esta enfermedad. Nuestro Dios hará
de ti todavía un hombre grande, que dará consuelo a muchísimas almas. Porque Dios pone de
vez en cuando su santa cruz sobre los hombros
de los que él ama y quiere preparar para su salvación; y si la llevan con paciencia, aprenderán
mucho en esta escuela de la cruz.» En efecto,

Lutero recobró la salud; siguió sus estudios y se graduó en 1505 de doctor en filosofía. Según la voluntad de su padre, debía estudiar también la jurisprudencia.

Pero Dios lo había dispuesto de otro modo. La Biblia, el peligro en que la enfermedad le había puesto, y las palabras del viejo sacerdote habían hecho profunda mella en su corazón, y siempre tenía en la mente aquella antigua pregunta: «¿Qué es lo que debo hacer para ser salvo?» En aquellos tiempos la contestación a tal pregunta, era por lo general, la siguiente: «El convento con sus oraciones, ayunos, vigilias y otras obras meritorias es el camino más seguro para el cielo.» Así, Lutero abrigó por mucho tiempo el deseo de entrar en un convento, para satisfacer de esta manera la voz de su conciencia despierta.

Un día, volviendo de la casa paterna en Mansfeld y en el camino, cerca del pueblo de Stotternheim, le sorprendió una tempestad, y un rayo cayó cerca de él, causándole tal impresión que fué aquel uno de los momentos más críticos y decisivos de su vida. Se volvió a Erfurt, agitada su imaginación con pensamientos y dudas acerca de la salvación de su alma.

Sólo un convento podía proporcionarle, según creía, la paz que anhelaba tanto. Su resolución era inquebrantable. Sin embargo, le costaba mucho romper los vínculos que le eran tan caros. A nadie había comunicado su propósito. Una noche convidó a sus amigos de la Universidad a una alegre y frugal cena, en la cual también la música contribuía al solaz de la reunión; era la despedida que Lutero hacía al mundo. Desde hoy en adelante ocuparían los frailes el lugar de aquellos amables compañeros de placer y trabajo; el silencio del claustro substituiría a aquellos entretenimientos alegres y espirituales; los graves tonos de la tranquila iglesia reemplazarían a aquellos cantos festivos. Dios lo exige, y es preciso sacrificarlo todo por El.

Al fin de la reunión, Lutero, no pudiendo contener los pensamientos graves que ocupaban su alma, descubrió a los amigos atónitos su firme propósito. Estos procuraron disuadirle, pero inútilmente. En la misma noche, tal vez temiendo que otros intentasen detenerle, si supieran su propósito, sale de su cuarto, deja en él toda su ropa, todos sus libros queridos, y se guarda sólo a Virgilio y Plauto, porque no tenía todavía la Biblia; y sin consultar con su padre, en la noche del 17 de Julio de 1505, llama a la puerta del convento de los agustinos en Erfurt. (Su padre no le hubiera permitido ciertamente tal paso; y cuando fué sabedor, estuvo por algún tiempo muy disgustado con su hijo.) La puerta se abre y se cierra tras él, separándole de sus padres, de sus amigos, de todo el mundo; y la tétrica comunidad de los monjes le saluda como hermano. Lutero tenía entonces veintiún años y nueve meses.

Rubianus, uno de los amigos de Lutero en la Universidad de Erfurt, le escribía algún tiempo después: «La Providencia divina pensaba en lo que debías ser un día, cuando a tu regreso de la casa paterna, el fuego del cielo te derribó, como a otro Pablo, cerca de la ciudad de Erfurt, te separó de nuestra sociedad y te condujo a la secta de Agustín.»

Lutero debía conocer por propia experiencia lo que había de reformar más tarde; debía aprender además que las buenas obras no pueden dar al hombre la paz de su alma, sino que *el hombre es justificado por la fe en el Señor Jesucristo sin las obras de la ley.* (Rom. 3, 28.)

CAPÍTULO II

LUTERO FRAILE Y CATEDRÁTICO

No había entonces en Lutero lo que le debía hacer más tarde el Reformador de la Iglesia; su entrada en el convento lo demuestra claramente. Al obrar así seguía la tendencia del siglo, pero Lutero había de contribuir pronto a purificar la Iglesia de aquella superstición como de las demás tradiciones humanas. Lutero buscaba aún salvación en sí mismo y en las prácticas y observancias religiosas, porque ignoraba que la salvación viene solamente de Dios. Quería su propia justicia y gloria, desconociendo la justicia y la gloria del Señor. Pero lo que ignoraba todavía lo aprendió poco después. Este inmenso cambio se efectuó en el convento de Erfurt; allí fué donde la luz de Dios iluminó su alma, preparándole para la poderosa revolución, de la cual iba a ser el más eficaz instrumento.

Martín Lutero, al entrar en el convento, cambió de nombre, y se hizo llamar Agustín. «¡Qué insensatez e impiedad—decía más tarde hablando de esta circunstancia—desechar el nombre de

su bautismo por el del convento! Así los papas
se avergüenzan del nombre que han recibido en
el bautismo manifestándose desertores de Jesucristo.›

Los frailes le acogieron con gozo; no era pequeña satisfacción para su amor propio el ver
a uno de los doctores más estimados abandonar
la Universidad por el convento. Sin embargo, le
trataron con dureza y le destinaron a los trabajos
más viles. Querían humillarle, y demostrarle que
toda su ciencia y su saber no le daban prepon-
derancia ni preeminencia alguna sobre sus hermanos. El que antes era doctor en filosofía,
debía ahora ser portero, arreglar el reloj, limpiar
la iglesia y barrer las celdas. Y cuando este pobre fraile, portero, sacristán y criado del convento, había acabado sus tareas, le decían:
‹Ahora marcha con la alforja por la ciudad.›
Debía entonces ir por las calles de Erfurt con el
saco, y mendigar pan de casa en casa. Lutero
todo lo sobrellevó con humildad y paciencia.
Quería acabar la buena obra de su propia santificación por sus propias fuerzas, porque no conocía otro camino. Y si algunas veces tenía
media hora libre para poder ocuparse de sus
queridos libros, entonces venían los monjes, le
injuriaban, le quitaban los libros y le decían con
enojo: ‹Mendigando, y no estudiando, se hace
bien a nuestro convento.› En esta escuela tan
dura adquirió aquella firmeza y constancia que
más adelante demostró en todas sus resolucio-

nes. Su impasibilidad ante las aflicciones y ás-
peros tratamientos fortaleció su voluntad. Dios
le ejercitaba en la constancia en cosas pequeñas,
a fin de que después fuese apto para perseverar
en cosas grandes.

Pero esta severa disciplina no debía durar por
mucho tiempo. Como Martín era miembro de la
Universidad de Erfurt, ésta se interesó por él, y
logró del prior del convento que se le dispensara
de las ocupaciones propias de sirvientes. Así el
fraile Martín pudo atender otra vez con nuevo
celo a sus libros. Estudiaba las obras de los Padres de la Iglesia; pero especialmente se dedicó
más que nunca a su querida Biblia. Porque había
encontrado en el convento una copia de ella, la
cual, por su gran valor en aquellos tiempos, se
hallaba sujeta con una cadena. Allí se le veía
muchísimas veces sacando agua de la limpia
fuente de la Palabra de Dios, y fortaleciendo con
ella su espíritu. Cosa era ésta que no agradaba
mucho a los frailes. Una vez le dijo su maestro
en el convento, el Dr. Usinger: «¡Ay hermano
Martín! ¿Qué es la Biblia? Es preciso no leer más
que los antiguos doctores; ellos han sacado ya
de la Sagrada Escritura el jugo de la verdad;
pero *la Biblia es la causa de todas las revolu-
ciones.*»

Por este tiempo empezó, a lo que parece, a
estudiar las escrituras en las lenguas originales,
y a echar los cimientos de la más perfecta y útil
de sus obras: la traducción de la Biblia, para la

cual se servía de un diccionario hebreo de Reuchlin, que acababa de aparecer. Un hermano del
convento, versado en las lenguas griega y he-
brea, y con quien tuvo siempre íntima amistad, Juan Lange, le dió probablemente las primeras direcciones. Se valió también mucho de
los sabios comentarios de Nicolás Lyra, muerto
en 1340. Esto hacía decir a Pflug, que fué después obispo de Naunburgo: «Si Lyra no hubiese
tocado la lira, Lutero no hubiera saltado.» «*Si
Lyra non lyrasset, Lutherus non saltasset.*»

El joven fraile estudiaba con tanta aplicación
y celo, que muchas veces pasaba sin rezar las
horas en dos o tres semanas; pero después se
asustaba, pensando que había quebrantado las
reglas de su Orden. Entonces se encerraba para
reparar su descuido, y repetía escrupulosamente
todas las horas que había dejado de rezar, sin
pensar ni en comer ni en beber.

En el año 1507 fué ordenado sacerdote, y el
2 de Mayo celebró su primera misa. «El obispo
que me consagró—dice Lutero—cuando me hizo
sacerdote y me puso el cáliz en la mano, dijo:
*Accipe potestatem sacrificandi pro vivis et mortuis
(recibe la potestad de sacrificar por los vivos y los
muertos).* Cuando entonces la tierra no nos tra-
gó, bien puede decirse que fué por la gran paciencia y longanimidad de Dios.» A esta ceremonia asistieron también su padre y veinte
parientes y amigos, y le fueron regalados por el
primero veinte florines. Durante la comida,

Lutero habló con su padre amigablemente acerca de su entrada en el convento; pero el padre, que no podía conformarse con este paso, le dijo: «Quiera Dios que esto no sea un engaño y fraude del diablo.» Y cuando los frailes le ponderaban la importancia del ministerio sacerdotal contestó: «¿No habéis leído nunca, vosotros los sabios, aquello de honrarás a tu padre y a tu madre?»

Ordenado ya sacerdote, los frailes volvieron a quitarle la Biblia, dándole en su lugar las obras de los escolásticos y de los doctores letrados de la Edad Media, que habían obscurecido con sus sutilezas de escuela el camino de la salvación. Hubo tiempo en que estuvo cinco semanas sin poder conciliar el sueño. En el convento buscaba la santidad tan deseada, y para lograrla se había dedicado con toda sinceridad y con los propósitos más firmes a las observancias monásticas, en la plena persuasión de que para su propia santificación y para la gloria de Dios era preciso, además de sus estudios, mortificar su carne con vigilias, ayunos y castigos corporales. Jamás la Iglesia romana tuvo fraile más piadoso; jamás convento alguno había presenciado obras más severas y continuadas para ganar la salvación eterna. Todo lo que Lutero emprendía, lo hacía con toda la energía de su alma; y se había hecho fraile con tanta sinceridad, que más tarde pudo decir de sí: «Verdad es que he sido un fraile piadoso, y he observado tan rigurosamente las reglas de mi Orden, que puedo afirmar: si hubiera podido entrar un fraile en el cielo como recompensa de sus rígidas observancias, seguramente ese fraile sería yo. Testimonio de esto darán todos mis compañeros de convento que me han conocido; si aquello hubiera durado más tiempo, ciertamente habría sucumbido con tantos tormentos de vigilias, ayunos, oraciones, pasmos, meditaciones y otras obras.»

Así vemos que Lutero se hacía cada día más rico en lo que se llamaba santidad de convento; pero al mismo tiempo era cada día más pobre en lo concerniente a la paz de su alma. Buscaba la seguridad de la salvación, pero no la encontró. Las paredes de la habitación en que se atormentaba y maltrataba permanecían mudas; no daban contestación a la pregunta ansiosa de su corazón. Las angustias sobre la salvación de su alma, que le llevaron al convento, se aumentaban de día en día. En aquellos obscuros claustros, cada suspiro de su corazón tornaba a él como un eco terrible. Dios le guiaba de esta manera para que se conociese a sí mismo y empezase a desesperar de sus propias fuerzas. Su conciencia iluminada por la Palabra de Dios, le decía claramente lo que era la santidad; pero al mirarse a sí mismo, ni en su vida, ni en su corazón encontraba ese dechado de la santidad que la Palabra de Dios le presentaba. Una cosa sin embargo, llegó a comprender: que por las obras que la Iglesia romana mandaba ejecutar, ninguno podía ganar el cielo, ni siquiera ascender hacia él un solo escalón. ¿Qué debía hacer entonces? ¿Todas aquellas reglas y ceremonias, eran nada más vanas tradiciones de hombres? Tal suposición le parecía algunas veces sugestión diabólica; otras, una verdad incontestable. Así luchaba sin descanso ni tregua, vacilando entre la santa voz que le hablaba en el corazón, y las antiguas reglas y tradiciones establecidas en la Iglesia por siglos y siglos. El joven fraile andaba apesadumbrado y con aspecto de esqueleto por los largos corredores del convento, mientras sus compañeros le miraban con asombro, y algunos se burlaban de él. Sus fuerzas físicas decayeron, su naturaleza se abatió hasta llegar a padecer desmayos.

En esta cruel y desesperada incertidumbre se franqueó, por fin, con un viejo fraile del mismo convento, el maestro de novicios; éste oyó tranquilamente sus pesares, y le dió después un consuelo maravilloso; con sencillez, pero con la convicción de la propia experiencia, le repitió las palabras del credo apostólico «*Creo en la remisión de los pecados»,* y le probó que esta remisión de los pecados era artículo de nuestra *fe,* que debía ser *creído.* Estas palabras, que Lutero recordó toda su vida con gratitud, alumbraron su alma con una luz benéfica y salvadora; fueron como el gérmen fructífero de toda su convicción cristiana y el fundamento de su obra posterior.

Mucho le ayudó también para la tranquilidad de su alma el vicario general de los agustinos en Alemania, Dr. Staupitz. En una visita que éste hizo al convento de Erfurt, llamó su atención el joven fraile, cuya clara y penetrante inteligencia notó bien pronto aunque entonces estaba abatido y apesadumbrado. Le trató con mucha afabilidad; y cuando más tarde le descubrió Lutero en la confesión el estado de su alma y todas sus angustias, le aconsejó que leyese atentamente la Biblia y buscase su salvación solamente en Cristo, donde él había encontrado la suya. Su mirada perspicaz vió claramente los tesoros de imaginación y talento que poseía el joven fraile, y consolándole le dijo: «Todavía no sabes, querido Martín, cuán útil y necesaria es para ti esta tribulación, porque Dios nunca la envía en vano. Ya verás cómo El te ha menester para cosas grandes.»

Los corazones de Staupitz y de Lutero se entendieron. El vicario general comprendió a Lutero, y éste sintió hacia él una confianza que nadie le había inspirado hasta entonces. Le reveló la causa de su tristeza, le comunicó sus horribles pensamientos, y entonces se entablaron en el claustro de Erfurt conversaciones llenas de sabiduría.

—En vano es—decía con tristeza Lutero a Staupitz—que yo haga promesas a Dios; el pecado es siempre el más fuerte.

—¡Oh amigo mío!—le respondía el vicario general—; yo he jurado más de mil veces a nuestro santo Dios vivir devotamente, y no lo he cumplido jamás; pero ya no quiero jurar, porque sería falso. Si Dios no quiere concederme su gracia por el amor de Cristo, y permitirme salir con felicidad de este mundo, cuando llegue la hora, no podré, con todas mis promesas y buenas obras, subsistir en su presencia; necesariamente habré de perecer.

—¿Por qué te atormentas--le decía—con todas estas especulaciones y con todos estos altos pensamientos? Mira las llagas de Jesucristo y la sangre que ha derramado por ti; ahí es donde la gracia de Dios te aparecerá. En lugar de martirizarte por tus faltas, échate en los brazos del Redentor. Confía en él, en la justicia de su vida, en la expiación de su muerte. No retrocedas; Dios no está irritado contra ti, tú eres quien estás irritado contra Dios; escucha a su Hijo; él se ha hecho hombre por darte la seguridad de su divino favor, te dice: «Tú eres mi oveja, tú oyes mi voz, y nadie te arrancará de mi mano.»

Sin embargo, Lutero no halla en sí el arrepentimiento, que cree ser necesario para su salvación, y da al vicario general la respuesta ordinaria de las almas angustiadas y tímidas:—¿Cómo atreverme a creer en el favor de Dios, mientras no estoy verdaderamente convertido? Es menester que yo cambie para que me acepte.

Su venerable guía le hace ver que no puede

haber verdadera conversión, mientras tema el hombre a Dios como a un juez severo. —¿Qué diréis entonces —exclama Lutero—de tantas conciencias a quienes se prescriben mil mandamientos impracticables para ganar el cielo?

Entonces oye esta respuesta del vicario general, que le parece no venir de un hombre, sino que es una voz que baja del cielo: —No hay —dice Staupiz—más arrepentimiento verdadero que el que empieza por el amor de Dios y la justicia. Lo que muchos creen ser el fin y el complemento del arrepentimiento no es, al contrario, sino su principio. Para que abundes en amor al bien, es preciso que antes abundes en amor a Dios. Si quieres convertirte, en lugar de entregarte a todas esas maceraciones y a todos esos martirios, ¡ama a quien primero te amó!

Lutero escucha y no se cansa de escuchar. Aquellas consolaciones le llenan de un gozo desconocido y le dan una nueva luz. —Jesucristo es —pensaba en sí mismo—; sí, el mismo Jesucristo es el que me consuela tan admirablemente con estas dulces y saludables palabras.

En efecto, ellas penetraron hasta el fondo del corazón del joven fraile, como la flecha aguda arrojada por un fuerte brazo. ¡Para arrepentirse es menester amar a Dios! Iluminado con esta nueva luz, se pone a cotejar las Escrituras, buscando todos los pasajes en que se habla de arrepentimiento y de conversión. Estas palabras «tan temidas hasta entonces», para emplear sus

propias expresiones, son ya para él un juego
agradable, y la más dulce recreación. Todos los
pasajes de la Escritura que le asustaban, le parece que acuden ya de todas partes, que sonríen,
saltan a su alrededor y juegan con él. —Antes—
exclama—, aunque yo disimulase con cuidado
delante de Dios el estado de mi corazón, y me
esforzase a mostrarle un amor forzado y fingido,
no había para mí en la Escritura ninguna palabra
más amarga que la de arrepentimiento; pero
ahora no hay ninguna que me sea más dulce y
agradable. ¡Oh, cuán dulces son los preceptos
de Dios, cuando se leen en los libros y en las
preciosas llagas del Salvador!

Lutero siguió el consejo del Dr. Staupitz; leyó
diariamente la Biblia (que los frailes le habían
devuelto), especialmente las epístolas del apóstol
Pablo y poco a poco vino a conocer que «el
Evangelio de Cristo (el cual fué entregado y
muerto por nuestros pecados, y resucitó para
nuestra justificación) es potencia de Dios para
salud a todo el que cree» (Rom. 1. 16), y
que «somos justificados por la fe en él, y no por
las obras de la ley.» (Gál. 2. 16.) Además, los
escritos de San Agustín, padre de la Iglesia, que
leía con mucho celo, le confirmaron en esta
doctrina de la fe y en el consuelo que ella le
proporcionaba.

Poco tiempo después de su consagración, hizo
Lutero, por consejo de Staupitz, pequeñas ex-
cursiones a pie por los curatos y conventos cir-

cunvecinos, ya por distraerse y procurar a su
cuerpo el ejercicio necesario, ya para acostum-
brarse a la predicación.

La fiesta del *Corpus* debía celebrarse con gran
pompa en Eisleben; el vicario general debía con-
currir; Lutero asistió también. Tenía necesidad
de Staupitz, y buscaba todas las ocasiones de
encontrarse con aquel director instruído, que
guiaba su alma por el camino de la vida.

La procesión fué muy concurrida y brillante;
el mismo Staupitz llevaba el santo sacramento, y
Lutero seguía revestido de capa. La idea de que
era el mismo Jesucristo el que llevaba en sus
manos el vicario general, y que el Señor estaba
allí en persona delante de él hirió de repente la
imaginación de Lutero y le llenó de tal asombro,
que apenas podía andar; corríale el sudor gota
a gota, y creyó que iba a morir de angustia y espanto. En fin, se acabó la procesión: aquel sacramento que había despertado todos los temores del fraile, fué colocado solemnemente en el
sagrario; y Lutero, hallándose solo con Staupitz,
se echó en sus brazos y le manifestó el espanto
que se había apoderado de su alma. Entonces el
vicario general, que hacía mucho tiempo conocía
al buen Salvador, que no quiebra la caña casca-
da, le dijo con dulzura: —No era Jesucristo, hermano mío; Jesús no espanta, sino que consuela.

El insigne Staupitz había observado, sin duda,
que el espíritu de Lutero no se avenía con la
tranquilidad de un convento, y que las paredes

del claustro eran muy estrechas para sus poderosos vuelos. Por lo tanto, trató de trasladarlo a otra esfera de acción más en armonía con su naturaleza. El año de 1502, el príncipe elector de de Sajonia, Federico III, llamado con razón el *Sabio,* fundó la Universidad de Wittemberg, siguiendo los consejos del doctor Staupitz y de Martín Mellerstadt. Lejos estaba entonces de adivinar que esta Universidad había de ser la cuna de una reforma religiosa de tanta trascendencia. Staupitz, uno de los catedráticos de teología de dicha Universidad, hizo todo lo posible para elevar en ella los estudios teológicos al más alto grado de perfección. En el fraile Martín había notado gran talento y una piedad severa; y así influyó para que Lutero, el año 1509 y vigésimosexto de su edad, fuese nombrado catedrático de Wittemberg.

Allí empezó Lutero a enseñar las ciencias filosóficas; pero su ánimo y sus inclinaciones eran más propensos al estudio de la teología. El mismo año 1509 se graduó de bachiller en teología, y fué destinado a enseñar la teología bíblica. Entonces se encontró en su verdadero elemento, y conoció que el Señor le había llamado para este trabajo. Empezó a enseñar con tanta profundidad y desembarazo, que todos se maravillaban. En el otoño de 1509 fué destinado a la Universidad de Erfurt, de donde volvió a Wittemberg, año y medio después. Desde entonces acudían los estudiantes en número creciente a

recibir sus lecciones, y hasta los mismos catedráticos concurrían a oirle. Cuando el doctor
Mellerstadt le hubo oído una vez, dijo: «Este
fraile confundirá a todos los doctores: nos ense-
ñará una doctrina nueva y reformará la Iglesia
romana, porque se apoya en los escritos de los
profetas y apóstoles, y se funda en la palabra de
Jesucristo; y con este sistema ninguno podrá luchar en contra y vencer.»

Staupitz, que era la mano de la providencia
para desarrollar los dones y tesoros escondidos
en Lutero, le invitó a predicar en la Iglesia de
los Agustinos. El joven profesor no quería aceptar esta proposición, porque deseaba ceñirse a
las funciones académicas, y temblaba al solo
pensamiento de añadir a ellas el cargo de predicador. En vano le solicitaba Staupitz.—No, no
—respondía,—no es cosa de poco más o menos
hablar a los hombres en lugar de Dios. ¡Tierna
humildad de este gran reformador de la Iglesia!
Staupitz insistía; pero el ingenioso Lutero hallaba, dice uno de sus historiadores, quince argumentos, pretextos y efugios para defenderse de
aquella vocación; y por último, continuando firme en su empeño el jefe de los Agustinos, le dijo
Lutero: —¡Ah, señor doctor, si hago eso me
quitáis la vida; no podría sostenerme tres meses!
—¡Sea enhorabuena!—respondió el vicario general—; ¡que sea así en el nombre de Dios!, porque
Dios nuestro Señor tiene también necesidad allá
arriba de hombres hábiles y entregados a él de

todo corazón. Lutero hubo de consentir, y predicó primeramente en el convento, y después públicamente en la iglesia. La consecuencia fué que el Ayuntamiento de la ciudad le nombró predicador de la iglesia principal de Wittemberg. Más tarde veremos la importancia de esta elección, porque por ella quedó obligado Lutero a ser confesor de su congregación y a consolar sus conciencias.

Pero Dios había elegido a Lutero, no solamente para maestro de una ciudad o de un país, sino para Reformador de su Iglesia; y, por lo tanto, le proporcionó también por camino extraordinario la ocasión de conocer a fondo la gangrena que la corroía. El año 1511, la orden a que pertenecía Lutero le envió a Roma para solicitar la decisión del papa en una cuestión importante de dicha orden. Emprendió este viaje con tanto más gozo, cuanto que esperaba hallar consuelo y paz para su conciencia en la visita a una ciudad que se consideraba como sagrada. Mas no fué así; algunos años después dijo, sin embargo, que si le ofreciesen cien mil florines a cambio de su visita a Roma, no los aceptaría. Y no porque allí hubiese encontrado muchas cosas buenas y dignas de alabanza, sino por haber conocido allí mejor la perdición de la Iglesia. Este hombre sencillo, educado en todo temor, respeto y reverencia al papa, vió entonces cosas que jamás hubiera podido sospechar. En lugar de la santidad que esperaba, ¿qué fué lo que encontró? El papa de aquella época, Julio II, era un hombre de mundo, y un gran soldado, que tenía mucho más placer en derramar sangre y conquistar tierras, que en las tareas propias de su ministerio espiritual. Entre los cardenales, obispos y sacerdotes, no solamente reinaba la más crasa ignorancia, sino que se burlaban de la manera más cínica de las cosas más sagradas, y estaban encenagados en la más degradante disolución. Lutero mismo dice: «Yo he visto en Roma celebrar muchas misas, y me horrorizo cuando lo recuerdo. Yo sentía grande disgusto al ver despachar la misa en un *tris-tras,* como si fuesen prestidigitadores. Cuando yo celebraba al mismo tiempo que ellos, antes que llegase a la lectura del Evangelio, ya habían concluído sus misas, y me decían: *Despacha, despacha, (¡Passa, passa!), hazlo brevemente. Envía pronto el hijo de nuestra Señora a casa.*» Y cuando tenían (según la doctrina de la Iglesia romana) el cuerpo del Señor en su mano, murmuraban: «*Tú eres pan, y permanecerás pan.*» En la mesa se burlaban de la Santa Cena. Cuanto más cerca de Roma, peores cristianos, y la moralidad de los sacerdotes se hallaba de tal manera pervertida, que un escritor católico (Nicolás Clémanges, muerto en 1440), dice que en muchos pueblos no admitían en sus iglesias a ningún sacerdote, si no traía consigo una concubina; pues solamente de este modo consideraban a sus propias mujeres protegidas contra las asechanzas de los clérigos. Así pudo

Lutero conocer en este viaje la depravación reinante en la corte papal y el clero de aquella ciudad, y pudo también más adelante, como testigo ocular, dar testimonio contra ellos.

Pero este viaje le proporcionó una ventaja mayor y más preciosa. Sucede, algunas veces, que Dios bendice de una manera especial *una* palabra o *una* frase en el corazón de un hombre, haciendo que esta palabra o esta frase no le abandone hasta haber logrado su objeto en él. Lutero había sido grandemente conmovido antes de su viaje para Roma por la expresión: «*El justo por su fe vivirá*». (Habacuc, 2, 4, y Rom. 1, 17.) Esta expresión le acompañó en todo su viaje, aunque todavía no había conocido su verdadero sentido; porque siempre esperaba encontrar en Roma la luz que su corazón deseaba tanto. Allí hizo cuanto pudo para reconciliarse con Dios y hacer penitencia por sus pecados; subió de rodillas los peldaños de la escalera de Pilato, que dicen fué llevada de Jerusalem a Roma, esperando con esto ganar la indulgencia plenaria que el papa había prometido a todos los que hacían tal obra. Pero mientras así se atormentaba, una voz como de trueno le gritaba sin cesar en su interior: «*El justo por su fe vivirá.*» Probó, pues, por su propia experiencia que tampoco en Roma podía ganar su propia justificación con obras exteriores.

Al regresar de su viaje, cayó enfermo en la ciudad de Bolonia; y tristes pensamientos le dominaban en el lecho del dolor. Entonces volvieron a iluminar su alma las palabras: *«El justo por su fe vivirá»*; pero en aquel momento con toda la claridad de la verdad. Cayó ya la venda de sus ojos; conoció por vez primera en toda su plenitud que la justificación que él buscaba no es dada por Dios a causa de las obras, sino que nos es atribuída solamente por la fe, de gracia y por causa de Cristo. «Aquí sentí yo—escribe él— que había nacido de nuevo, habiendo encontrado una puerta ancha y abierta para entrar en el Paraíso; y desde entonces empecé a mirar la Sagrada Escritura con otros ojos y de un modo enteramente diverso a las épocas anteriores. Así, en mi imaginación recorrí en un momento toda la Biblia, según me podía acordar de ella, recordando especialmente e interpretando los textos que se referían a la salvación por la fe. Y así como antes había llegado a aborrecer estas palabras, *la justicia de Dios,* con toda mi alma, ahora me parecían las más hermosas y consoladoras de toda la Biblia; y ese texto de la epístola de San Pablo fué, en verdad, la verdadera puerta del Paraíso para mí. »

Habiendo regresado a Wittemberg, Lutero, en concurso público, se graduó de doctor en la Sagrada Escritura, según los consejos de su paternal amigo Staupitz, y también según el deseo del príncipe elector, el cual costeó los gastos de aquella solemnidad. Porque el príncipe, no sólo estaba pronto a hacer todo aquello que podía contribuir al esplendor de su querida Universidad, sino que también sentía una verdadera inclinación personal hacia aquel predicador celoso y elocuente, que sacaba tantas cosas nuevas de las fuentes de las Sagradas Escritutas. Era el 19 de Octubre de 1512 cuando fué nombrado doctor *bíblico* y no de *sentencias;* debiendo por esto consagrarse más y más al estudio bíblico, y no al de las tradiciones humanas. Como él mismo refiere, prestó el siguiente juramento a su bien amada y Santa Escritura: «Juro defender la verdad evangélica con todas mis fuerzas.» Prometió predicarla fielmente, enseñarla con pureza, estudiarla toda su vida y defenderla de palabra y por escrito contra los falsos doctores, mientras Dios le ayudara (1). Muchas veces le sirvió de verdadero consuelo en su vida posterior recordar esta sacrosanta promesa, cuando la defensa de las verdades de la Escritura le llevó a grandes luchas con los papistas.

Desde entonces se dedicó a estudiar con más celo que nunca el Libro santo; ya hacía tiempo que pronunciaba discursos y daba lecciones sobre los Salmos; después continuó sobre la Epístola a los Romanos; y presentaba las verdades bíblicas con tal claridad, precisión e interés a la numerosa concurrencia que le escuchaba, que

---

(1) En Wittemberg no se exigía entonces a los doctores el juramento de obediencia al papa, como en otras Universidades.

producía gran impresión en sus almas, y llegó a perderse de día en día el gusto por las antiguas formas escolásticas, que no habían servido para dar vitalidad a la Iglesia; sí sólo para fomentar las tradiciones de los hombres en contra de la verdad divina.

El año 1516, y por encargo del Dr. Staupitz, tuvo Lutero que hacer una visita de inspección a todos los conventos de la orden de Agustinos, en Turingia y Meissen. ¡Cuánta ignorancia espiritual, cuán poca disciplina, y qué conducta tan poco evangélica encontró en la mayor parte de ellos! En vista de ello, hizo todo lo posible por fundar escuelas, recomendó en todas las partes la lectura asidua y diligente de la Sagrada Escritura, y que atemperasen todos su conducta a los ejemplos del Salvador.

De esta manera fué Dios preparando el instrumento para la Reforma. El Señor había puesto ya el sembrador en el campo, y en sus manos la buena semilla. El campo había estado por mucho tiempo sin cultivar, por eso la semilla encontró un suelo preparado. Iba a llegar pronto el día en que el hombre de Dios había de salir al campo. La Reforma iba a dar principio.

CAPÍTULO III

LAS NOVENTA Y CINCO TESIS

El papa León X, amante del esplendor y las artes, y necesitando mucho dinero para la magnificencia de su corte, había hecho predicar indulgencias en los años 1514 y 1516, es decir, indulgencia plenaria o indulto de las penas que la Iglesia impone a los hombres por sus pecados, a cambio de una cantidad de dinero previamente determinada. La primera vez tomó por pretexto la guerra con los turcos; la segunda, la terminación de la basílica de San Pedro en Roma. El comisario general de las indulgencias en Alemania era el príncipe elector de Maguncia, Alberto, muy semejante al papa en muchas cosas, y principalmente en eso de necesitar siempre dinero, al paso que se cuidaba muy poco de la salvación de las almas. Este príncipe se encargó, mediante el estipendio de la mitad del dinero recogido en aquel negocio, de enviar lo restante a Roma. Calcúlese, pues, cuántos esfuerzos no haría para que esta venta fuese grandemente provechosa. Envió frailes por todas partes de Alemania para

ofrecer las indulgencias, obligándolos bajo juramento, a no cometer con él fraude alguno; y de-
jándolos, en cambio en entera libertad para en-
gañar a las pobres almas, con tal que le trajesen
dinero. Como instrumento principal de este tráfico de indulgencias, eligió a un hombre que en
verdad realizó toda clase de esfuerzos para hacer
el negocio tan productivo como pudiera desearse.

Este hombre fué el nunca bastante censurado
Juan Tetzel, nacido en Leipzig, y fraile de la
Orden de los Dominicos en el convento de Pir-
na; hombre atrevido y dado a torpes concupis-
cencias; el cual ya anteriormente, por adulterio
y por su conducta licenciosa, había sido condenado a morir ahogado en un saco; y sólo por la
intercesión de una ilustre dama había salvado la
vida. Este hombre degradó hasta lo sumo la
práctica de las indulgencias (que ya de suyo
constituía una irrisión de la religión cristiana),
y no hizo de ellas sino un robo sacrílego y una
impostura insigne. En sus discursos de alabanza
y recomendación de las indulgencias, omitía de-
liberadamente la cláusula que siempre se añade
a las bulas que las conceden, es decir, que la
eficacia de las referidas indulgencias dependen
principalmente del arrepentimiento y de la en-
mienda. Su cinismo e insolencia sobrepujó a
todo lo que hasta entonces se había visto. El
adulterio, según su tarifa, costaba seis ducados;
el robo de las iglesias, el sacrilegio y el perjurio,
unos nueve ducados; un asesinato, ocho duca-

dos. Hasta dió cartas de indulgencias para pecados que se pudiesen cometer en el porvenir.

Cuando Tetzel subía al púlpito, mostrando la
cruz de la que colgaban las armas del papa, pon-
deraba con tono firme el valor de las indulgencias
a la multitud fanática, atraída por la ceremonia
al santo lugar; el pueblo le escuchaba con
asombro al oír las admirables virtudes que anunciaba.

Oigamos una de las arengas que pronunció
después de la elevación de la cruz.

«Las indulgencias—dijo—son la dádiva más
preciosa y más sublime de Dios. Esta cruz (mostrando la cruz roja) tiene tanta eficacia como la
misma cruz de Jesucristo. Venid, oyentes, y yo
os daré bulas, por las cuales se os perdonarán
hasta los mismos pecados que tuvieseis intención
de cometer en lo futuro. Yo no cambiaría, por
cierto, mis privilegios por los que tiene San Pedro en el cielo; porque yo he salvado más almas
con mis indulgencias que el apóstol con sus discursos. No hay pecado, por grande que sea, que
la indulgencia no pueda perdonar; y aun si alguno (lo que es imposible, sin duda) hubiese viola-
do a la Santísima Virgen María, madre de Dios,
que pague, que page bien nada más, y se le perdonará la violación. Ni aún el arrepentimiento
es necesario. Pero hay más; las indulgencias no
solo salvan a los vivos, sino también a los muertos. Sacerdote, noble, mercader, mujer, mucha-
cha, mozo, escuchad a vuestros parientes y

amigos difuntos, que os gritan del fondo del abismo: ¡Estamos sufriendo un horrible martirio! Una limosnita nos libraría de él; vosotros podéis y no queréis darla.›

¡Calcúlese la impresión que tales palabras, pronunciadas con la voz estentórea de aquel fraile, producirían en la multitud!

‹En el mismo instante—continuaba Tetzel— en que la pieza de moneda resuena en el fondo de la caja, el alma sale del purgatorio. ¡Oh gentes torpes y parecidas casi a las bestias; que no comprendéis la gracia que se os concede tan abundantemente!... Ahora que el cielo está abierto de par en par, ¿no queréis entrar en él? ¿Pues cuándo entraréis? ¡Ahora podéis rescatar tantas almas! ¡Hombre duro e indiferente, con un real puedes sacar a tu padre del purgatorio, y eres tan ingrato que no quieres salvarle! Yo seré justificado en el día del juicio, pero vosotros seréis castigados con tanta más severidad cuanto que habéis descuidado tan importante salvación. Yo os digo que aun cuando no tengáis más que un solo vestido, estáis obligados a venderlo, a fin de obtener esta gracia! Dios nuesto Señor no es ya Dios, pues ha abdicado su poder en el papa.›

Después, procurando también hacer uso de otras armas, añadía: ‹¿Sabéis por qué nuestro señor, el papa, distribuye una gracia tan preciosa? Es porque se trata de reedificar la iglesia destruída de San Pedro y San Pablo, de tal modo que no tenga igual en el mundo. Esta iglesia encierra los cuerpos de los santos apóstoles Pedro y Pablo, y los de una multitud de mártires. Estos santos cuerpos, en el estado actual del edificio, son, ¡ay!, continuamente mojados, ensuciados, profanados y corrompidos por la lluvia, por el granizo. ¡Ah!, estos restos sagrados, ¿quedarán por más tiempo en el lodo y en el oprobio?»

Esta pintura no dejaba de hacer impresión en muchos. Ardían en deseos de socorrer al pobre León X, que no tenía con qué poner al abrigo de la lluvia los cuerpos de San Pedro y de San Pablo!

En seguida, dirigiéndose a las almas dóciles, y haciendo un uso impío de las Escrituras decía: «Bienaventurados los ojos que ven lo que vosotros veis; porque os aseguro que muchos profetas y reyes han deseado ver las cosas que veis y no las han visto, y también oir las cosas que vosotros oís y no las han oído!» Y, por último, mostrando la caja en que recibía el dinero, concluía regularmente su patético discurso, dirigiendo tres veces al pueblo estas palabras: «¡Traed, traed, traed!» Luego que terminaba su discurso, bajaba del púlpito, corría hacia la caja, y, en presencia de todo el pueblo, echaba en ella una moneda, de modo que sonara mucho.

Rara vez encontraba Tetzel hombres bastante ilustrados, y aun menos, hombres bastante animosos para resistirle; por lo común, hacía lo que quería de la multitud supersticiosa. Había plantado en Zwickau la cruz roja de las indulgencias, y los buenos devotos se apresuraban a ir y a lle-

nar la caja con el dinero que debía libertarlos.
Cuando Tetzel tenía que partir, los capellanes y
sus acólitos le pedían la víspera una comida de
despedida; la petición era justa; pero ¿cómo ac-
ceder a ella, si el dinero estaba contado y sella-
do? A la mañana siguiente hacía tocar la campa-
na mayor, la muchedumbre se precipitaba al
templo, creyendo que había sucedido algo de
extraordinario, porque la fiesta era ya concluída;
y luego que estaban todos reunidos, les decía:
«Yo había resuelto partir esta mañana, pero en
la noche me he despertado oyendo gemidos; he
aplicado el oído y... era del cementerio de donde salían... ¡Oh Dios! ¡Era una pobre alma, que
me llamaba y me suplicaba encarecidamente que
la librase del tormento que la consume! Por esto
me he quedado un día más, a fin de mover a lástima los corazones cristianos en favor de dicha
alma desgraciada; yo mismo quiero ser el primero en dar una limosna, y el que no siga mi ejemplo, merecerá ser condenado.»

¿Qué corazón no hubiera respondido a tal lla-
mamiento? ¿Quién sabe, por otra parte, qué alma
es aquella que grita en el cementerio? Dan, pues,
con abundancia, y Tetzel ofrece a los capellanes
y a sus acólitos una buena comida.

Los mercaderes de indulgencias se habían establecido en Haguenau en 1517. La mujer de
un zapatero, usando de la facultad que concedía
la instrucción del comisario general, había adquirido, contra la voluntad de su marido, una

bula de indulgencia, a precio de un florín de oro, y murió, poco después; no habiendo el marido hecho decir misas por el descanso del alma de su mujer, el cura le acusó de impío, y el juez de Haguenau le intimó a que compareciese a su presencia; el zapatero se fué a la Audiencia con la bula de su mujer en el bolsillo, y el juez le preguntó:

—¿Ha muerto tu mujer?

—Sí—respondió el zapatero.

—¿Y qué has hecho por ella?

—He enterrado su cuerpo y he encomendado su alma a Dios.

—¿Pero has hecho decir una misa por el descanso de su alma?

—No, por cierto, porque sería inútil, pues ella entró en el cielo en el instante que murió.

—¿Cómo sabes eso?

—He aquí la prueba; y al decir esto sacó la bula del bolsillo; y el juez, en presencia del cura, leyó en ella: «La mujer que la ha comprado, no irá al purgatorio cuando muera, sino que entrará derechamente en el cielo.»

—Si el señor cura pretende todavía que es necesaria una misa—añadió—, mi mujer ha sido engañada por nuestro santísimo padre, el papa; y si no, el señor cura me engaña a mí.

Nada podía responderse a esto, y el acusado fué absuelto.

Así el buen sentido del pueblo hacía justicia a estos sacrílegos fraudes.

Un gentilhombre sajón que había oído predicar a Tetzel en Leipzig, quedó indignado de sus mentiras; acercóse al fraile y le preguntó si tenía facultad de perdonar los pecados que se pensaba cometer.

—Seguramente—respondió Tetzel—, he recibido para ello pleno poder del papa.

—Pues bien—replicó el caballero--, yo quisiera vengarme de uno de mis enemigos, pero sin atentar a su vida, y os doy diez escudos si me entregáis una bula de indulgencia que me justifique plenamente.

Tetzel puso algunas dificultades; sin embargo, quedaron conformes en treinta escudos. Poco después salió el fraile de Leipzig; el gentilhombre acompañado de sus criados, le esperó en un bosque entre Iueterbock y Treblin; cayó sobre él, hizo darle algunos palos, y le arrancó la rica caja de las indulgencias que el estafador llevaba consigo; éste se quejó ante los tribunales, pero el gentilhombre presentó la bula firmada por el mismo Tetzel, la que le eximía con anticipación de toda pena. El duque Jorge, a quien esta acción irritó mucho al principio, mandó a la vista de la bula, que fuese absuelto el acusado.

Pero para que se vea que esto no era obra de un solo hombre malvado, citaremos algunos datos de la instrucción del obispo de Maguncia.

Los plenipotenciarios, después de haber pon-

El convento de los Agustinos de Wittemberg

Puertas de la Iglesia de Wittemberg que ocupan el lugar
de aquellas en que Lutero clavó sus tesis. Son de bronce
con el texto íntegro de las tesis en relieve

derado a cada uno en particular la grandeza de la indulgencia, hacían a los penitentes esta pregunta: «¿De cuánto dinero podéis privaros, en conciencia, para obtener tan perfecta remisión?» «Esta pregunta—dice la instrucción del arzobispo de Maguncia a los comisarios—debe ser hecha en este momento para que los penitentes estén mejor dispuestos a contribuir.»

Estas eran todas las disposiciones que se requerían.

La instrucción arzobispal prohibía aun el hablar de conversión o contrición. «Solamente— decían los comisarios—, os anunciamos el completo perdón de todos los pecados; y no se puede concebir nada más grande que una gracia tal, puesto que el hombre que vive en el pecado está privado del favor divino, y que por este perdón total obtiene de nuevo la gracia de Dios. Por tanto, os declaramos que para conseguir estas gracias excelentes no es menester más que comprar una indulgencia. Y en cuanto a los que desean librar las almas del purgatorio y lograr para ellas el perdón de todas sus ofensas, que echen dinero en la caja, y no es necesario que tengan contrición de corazón ni hagan confesión de boca. Procuren solamente traer pronto su dinero; porque así harán una obra muy útil a las almas de los difuntos y a la construcción de la iglesia de San Pedro.» No se podían prometer mayores bienes a menos precio.

Como Tetzel tenía también su obra y sus abominables predicaciones en Iueterbock (1), Lutero, en su confesonario, sentía las consecuencias de estas diabólicas artes de seducción. Los confesonarios quedaban casi vacíos, porque el pueblo gustaba más de aquella manera fácil y cómoda de remisión de los pecados; y los que todavia se confesaban, siguiendo las antiguas costumbres eclesiásticas, apelaban siempre al perdón de los pecados que ya habían comprado de Tetzel, y no querían seguir ninguno de los preceptos paternales que el fiel sacerdote les queria imponer. Entonces Lutero se sintió obligado, en conciencia, a amonestar al pueblo y apartarle de abuso tan pernicioso; empezó, como él dice, predicando con dulzura. En estos primeros «discursos sobre las indulgencias» no trató más que de corregir los errores más graves y manifiestos sobre la materia, demostrando que las indulgencias no tienen ninguna fuerza en cuanto a los castigos divinos contra los pecados, sino que sólo se refieren a las penitencias y buenas obras. —Y éstas—decía—es mejor tomarlas sobre sí y hacerlas para enmendarse que no evadir su cumplimiento con el dinero; una buena obra hecha en favor de un pobre, vale más que todas las indulgencias. Que las almas salgan del purgatorio mediante las indulgencias, no lo sé y no lo creo;

---

(1) Cerca de Wittemberg, pero en Brandeburgo En sus territorios, el elector había prohibido las ventas de indulgencias.

tampoco la Iglesia lo ha resuelto; y es mucho mejor que ores por ellas y hagas buenas obras, porque esto es más seguro y más probado.

Natural era que esta opinión modesta y fundada no hiciese impresión alguna en el ánimo de Tetzel, cuya endurecida alma había llegado al más alto grado de cinismo. Empezó, pues, a dirigir sus apóstrofes y amenazas contra Lutero, mandó hacer una hoguera, y amenazó con quemar en ella a todos los que hablasen con desprecio de sus indulgencias. Entonces Lutero se resolvió por fin «a hacer un agujero en aquel tambor».

El elector Federico de Sajonia estaba en su palacio de Schweinitz, a seis leguas de Wittemberg, dicen las crónicas del tiempo. El 31 de Octubre, a la madrugada, hallándose Federico con su hermano el duque Juan, que entonces era corregente y reinó solo después de su muerte, y con su canciller, el elector dijo al duque:—Es menester, hermano mío, que te cuente un sueño que he tenido esta noche, y cuyo significado desearía mucho saber; ha quedado tan bien grabado en mi espíritu, que no lo olvidaría aunque viviese mil años; porque he soñado tres veces y siempre con circunstancias diferentes.

—¿Es bueno o malo el sueño?—preguntó el duque Juan.

—Yo lo ignoro; Dios lo sabe—le contestó su hermano.

—Pues bien, no te inquietes por eso; ten la bondad de referírmelo.

Y refirió el príncipe elector su sueño de esta manera:

—Habiéndome acostado anoche triste y fatigado, quedé dormido inmediatamente que hice mi oración; reposé dulcemente cerca de dos horas y media; habiéndome despertado entonces, estuve hasta media noche entregado a todo género de pensamientos; discurría de qué modo celebraría la fiesta de Todos los Santos; rogaba por las pobres almas del purgatorio, y pedía a Dios que me condujese a mí, a mis consejeros y a mi pueblo según la verdad. Volví a quedarme dormido, y entonces soñé que el Omnipotente Dios me enviaba un fraile que era el hijo verdadero del apóstol San Pablo; todos los santos le acompañaban según la orden de Dios a fin de acreditarlo cerca de mí, y de declarar que no venía a maquinar ningún fraude, sino que todo lo que hacía era conforme a la voluntad de Dios; me pidieron que me dignase permitir que el fraile escribiese algo a la puerta de la capilla del palacio de Wittemberg, lo que concedí por conducto del canciller; en seguida el fraile fué allí y se puso a escribir con letras tan grandes, que yo podía leer lo que escribía desde Schweinitz; la pluma de que se servia era tan larga que su extremidad llegaba hasta Roma, y allí taladraba las orejas de un león que estaba echado (León X), y hacía bambolear la triple corona en la cabeza del papa; todos los cardenales y príncipes, llegando a toda priesa, procuraban sostenerla;

yo mismo y tú, hermano mío, quisimos ayudar
también; alargué el brazo... pero en aquel momento me desperté con el brazo en alto, lleno de
espanto y de cólera contra aquel fraile, que no
sabía manejar mejor su pluma; me sosegué un
poco... no era más que un sueño. Yo estaba aún
medio dormido; cerré de nuevo los ojos y volvi
a soñar. El león, siempre incomodado por la
pluma, empezó a rugir con todas sus fuerzas,
tanto que toda la ciudad de Roma y todos los
Estados del Sacro Imperio acudieron a informar-
se de la causa; el papa pidió que se opusiesen a
aquel fraile, y se dirigió sobre todo a mí, porque
se hallaba en mis dominios; de nuevo me desperté y recé el Padrenuestro; pedí a Dios que
preservara a Su Santidad y me dormí de nuevo...
Entonces soñé que todos los príncipes del Imperio, y nosotros con ellos acudíamos a Roma y
tratábamos entre todos de romper aquella pluma,
pero cuantos más esfuerzos hacíamos, más firme
estaba; rechinaba como si fuese de hierro, y nos
cansamos al fin; hice preguntar entonces al fraile (porque yo estaba tan pronto en Roma como
en Wittemberg) dónde había adquirido aquella
pluma y por qué era tan fuerte: «La pluma—respondió—es de un ganso viejo de Bohemia, de
edad de cien años (téngase en cuenta que el
nombre del gran reformador de Bohemia, Juan
Huss, a quien quemaron los fanáticos en el concilio de Constanza, significa ganso. Y muriendo
Huss en la hoguera, había exclamado: «Ahora

me asan a mí, pobre ganso; pero dentro de cien
años vendrá un cisne, contra el cual no prevale-
cerán»).—Yo la he adquirido de uno de mis antiguos maestros de escuela; en cuanto a su fuerza, es tan grande, porque no se le puede sacar la
medula y aun yo mismo estoy admirado... De
repente oí un gran grito... De la larga pluma del
fraile habían salido otras muchas plumas... Me
desperté por tercera vez; era ya de día.»

El duque Juan se volvió entonces al canciller,
y le dijo:—Señor canciller, ¿qué os parece? ¡Qué
bien nos vendría aquí un José o un Daniel inspirado de Dios!

El canciller contestó: —Vuestras altezas saben
el proverbio vulgar que dice que los sueños de
los jóvenes, de los sabios y de los grandes señores tienen ordinariamente alguna significación
oculta; pero la de este sueño no se sabrá sino
de aquí a algún tiempo, cuando lleguen las cosas
que tienen relación con él; dejad su cumplimiento a Dios, y encomendadlo todo en su
mano.

—Pienso como vos, señor canciller—dijo el
Duque—; no es cosa de que nos rompamos la
cabeza por descubrir lo que esto pueda significar;
Dios sabrá dirigirlo todo para su gloria.

—¡Hágalo así nuestro fiel Dios!—interpuso Federico el Sabio—. Sin embargo, yo no olvidaré
nunca este sueño; ya me ha ocurrido una interpretación... pero la guardo para mí; el tiempo
dirá tal vez si acerté.

Así pasó, según el manuscrito de Weimar, la mañana del 31 de Octubre en Schweinitz; veamos ahora cuál fué la tarde en Wittemberg.

La fiesta de Todos los Santos era un día muy importante para Wittemberg, y aun más para la capilla que el príncipe elector había hecho construir allí, llenándola de reliquias. Solían en ese día sacar aquellas reliquias adornadas de piedras preciosas y ponerlas de manifiesto a la vista del pueblo, atónito y deslumbrado con tanta magnificencia. Todos los que visitaban aquel día la capilla y se confesaban en ella, ganaban muchas indulgencias; así es que muchedumbre de gente concurría a aquella gran solemnidad de Wittemberg.

Era la tarde del 31 de Octubre de 1517; Lutero, decidido ya, se encamina valerosamente hacia la capilla, a la que se dirigía la multitud supersticiosa de los peregrinos, y en la puerta de aquel templo fija noventa y cinco *tesis* o proposiciones contra la doctrina de las indulgencias; ni el elector, ni Staupitz, ni Spalatin, ni ninguno de sus amigos, aun los más íntimos, habían sido prevenidos de ello.

La fama de estas noventa y cinco tesis, fijadas en la puerta de la iglesia del castillo de Wittemberg, corrió muy pronto, no ya sólo por Alemania, sino por el mundo entero; en ellas declaraba Lutero, en forma de preámbulo, que las había escrito en espíritu de verdadera caridad y con el deseo terminante de exponer la verdad al pueblo

cristiano; invitaba a la vez a todos los residentes
en las cercanías o en países lejanos, a que pre-
sentasen contra ellas sus objeciones de palabra
o por escrito. Entre estas tesis, las principales
eran las siguientes:

27. Predican vana tradición de los hombres,
cuantos dicen que tan pronto como el dinero se
echa en la caja, el alma sale del purgatorio.

29. Irán al infierno, junto con sus maestros,
todos cuantos afirman que por las bulas de las
indulgencias tienen asegurada su salvación.

36. Cualquier cristiano que sienta verdadero
arrepentimiento de sus pecados, tiene ya la absolución plenaria de culpas y penas, la cual le pertenece y se le aplica sin cartas de indulgencias.

37. Todo verdadero cristiano, sea vivo o difunto, tiene parte en todos los bienes de Cristo
y de la Iglesia, por el don de Dios, sin necesidad
de cartas de indulgencias.

38. Sin embargo, no se ha de despreciar
la absolución del papa y su dispensación, porque
es la declaración de la remisión divina.

50. Es preciso enseñar a los cristianos, que
si el papa supiese el robo y engaño de los predicadores de las indulgencias, antes preferiría que
la Basílica de San Pedro fuese quemada o redu-
cida a escombros, que verla construída con la
piel, carne y hueso de sus ovejas.

53. Son enemigos del papa y de Jesucristo
los que prohiben la predicación de la palabra de
Dios porque se opone a las indulgencias.

62. El único tesoro verdadero de la iglesia es el Evangelio santísimo de la gloria y
gracia de Dios.

Se ve que en estas tesis no se repudia la indulgencia misma, sino se condenan solamente
los perniciosos abusos de ellas. Se trata de res-
tituir las indulgencias a su objeto primitivo, según el cual, se aplicaban únicamente a las penitencias eclesiásticas. No se dirigían en modo
alguno contra el Papado. Lutero mismo dice:
«Cuando empezé esta obra contra las indulgencias, estaba tan lleno y satisfecho de la doctrina
del papa, que me hallaba dispuesto, o a lo menos
habría sentido placer, y hasta habría ayudado a
matar a todos los que no quisieran ser obedien-
tes al papa en la más mínima cosa.» Sin embargo,
aunque todavía se movía dentro de ciertos límites, se descubre ya en estas sentencias todo el
ánimo de Lutero. La sencillez y rectitud de su
alma, el celo sincero por la verdadera doctrina
de Cristo, su grande amor a la Biblia, su vista
clara y perspicaz para conocer los abusos de la
Iglesia de aquella época, la firme convicción de
que la remisión de los pecados es efecto solamente de la libre gracia de Dios mediante el
arrepentimiento y la fe; todo esto que hizo de
Lutero el Reformador, se encuentra ya en estas
noventa y cinco sentencias. Aquí, es verdad,
empieza todavía como fraile tímido que da un
paso atrevido, pero con plena confianza en la
bondad de la obra, aunque desconfiando de sí

mismo, y no sin algún temor en cuanto a las consecuencias.

Lutero neutralizó en parte la rudeza y atrevimiento de este paso, escribiendo el mismo día 31 de Octubre al elector Alberto de Maguncia, enviándole copia de sus tesis, y rogándole hiciese cesar los abusos de los traficantes en indulgencias. En idéntico sentido escribió a algunos obispos. El digno obispo de Brandeburgo, Sculteto, aprobó el contenido de las tesis; pero rogó al mismo tiempo a Lutero que permaneciese quieto y tranquilo, a fin de no turbar la paz de las conciencias. Igual respuesta dieron otros hombres estimados por Lutero; y su príncipe, el elector Federico el Sabio, opinó casi del mismo modo. No quería éste imponer la verdad violentamente, pues amaba demasiado la tranquilidad pública, y no podía alegrarse en su corazón de la lucha comenzada. Y aunque en este primer paso del Reformador se ven mezclados miedo y atrevimiento, es imposible dejar de conocer la pureza de sus sentimientos y sus propósitos. Estos se revelan tan claramente en cada una de sus palabras, y en toda su conducta, que el atribuir el comienzo de aquella lucha a la ambición y arrogancia de Lutero, sólo prueba una completa ignorancia de los hechos o un deliberado propósito de falsearlos.

«Yo empecé esta obra—dice el mismo Reformador—con gran temor y temblor; ¿quién era yo entonces, pobre, miserable y despreciable fraile, más parecido a un cadáver que a un hombre? ¿Quién era yo para oponerme a la majestad del papa, a cuya presencia temblaban, no sólo los reyes de la tierra, sino también, si me es lícito expresarme así, el cielo y el infierno? Nadie puede saber lo que sufrió mi corazón en los dos primeros años y en qué abatimiento y casi desesperación caí muchas veces. No pueden formarse una idea de ello los espíritus orgullosos, que han atacado después al papa con grande audacia, bien que no hubieran podido con toda su habilidad hacerle el más pequeño mal, si Jesucristo no le hubiera hecho ya por mí, su débil e indigno instrumento, una herida de la que no sanará jamás... Pero mientras ellos se contentaban con mirar y dejarme solo en el peligro, no me hallaba tan gozoso, tranquilo y seguro del buen éxito como lo estoy ahora, porque no sabía entonces muchas cosas que ahora sé, gracias a Dios... Yo entonces honraba de todo corazón la iglesia del papa, como la verdadera iglesia; y lo hacía con más sinceridad y veneración que los infames y vergonzosos corruptores, que por contradecirla, la ensalzan tanto ahora. Si yo hubiera despreciado al papa, como le desprecian los que le alaban tanto con los labios, hubiera temido que se hubiese abierto la tierra, y me hubiese tragado vivo como a Coré y a todos los que con él estaban.»

¿Qué dicen a esto los que a móviles tan indignos atribuyen el movimiento iniciado por Lutero? ¡Qué sinceridad, qué rectitud de alma revelan sus palabras!

«El que quiera emprender alguna cosa buena —dice en otra parte, aludiendo a sus noventa y cinco proposiciones—, que la emprenda confiado en la bondad de ella, y de ninguna manera en el auxilio y consuelo de los hombres. Además, que no tema a los hombres ni al mundo entero, porque no mentirá esta palabra: *Es bueno confiar en el Señor, y seguramente ninguno de los que confían en él será confundido,* pero el que no quiere ni puede arriesgar ninguna cosa confiándose en Dios, que se guarde muy mucho de emprenderla.»

¿Es este el lenguaje de uno que emprendiera su obra, como dicen los enemigos de la Reforma, sólo por ambición, por rencor, por envidia y por afán de libertinaje?

Aun creemos que nos han de agradecer nuestros lectores, para formar mejor su juicio, que les traslademos algunos párrafos de una carta que Lutero escribió al arzobispo de Magdeburgo el mismo día que fijó las tesis en las puertas de la capilla de Wittemberg. Dice así:

«Perdonadme, Rmo. P. en Cristo, y muy ilustre príncipe, si yo, que no soy más que la escoria de los hombres, tengo la temeridad de escribir a vuestra sublime grandeza. El Señor me es testigo que, conociendo cuán pequeño y miserable soy, he dudado mucho tiempo de hacerlo. Que vuestra alteza, sin embargo, deje caer una

mirada sobre un poco de polvo, y según su
benignidad episcopal, reciba bondadosamente
esta mi petición...

›¡Gran Dios! las almas confiadas a vuestra
dirección, excelentísimo Padre, las instruyen,
no para la vida, sino para la muerte. (Ha hablado
antes de los predicadores y traficantes con las
indulgencias.) La justa y severa cuenta que se
os pedirá, se aumenta de día en día. No he podido callar más tiempo. ¡No! El hombre no se salva por la obra o por el ministerio de su obispo. El justo mismo se salva difícilmente, y el
camino que conduce a la vida es estrecho. ¿Por
qué, pues, los predicadores de indulgencias, con
cuentos ridículos, inspiran al pueblo una seguridad carnal? Si se les cree, la indulgencia es la
sola que debe ser proclamada y exaltada... ¡Y
qué! ¿No es el principal y el único deber de los
obispos enseñar al pueblo el Evangelio y el amor
de Jesucristo? Jesucristo no ha ordenado en
ninguna parte la promulgación de las indulgencias, pero sí ha mandado con todo encarecimiento
predicar el Evangelio. ¡Qué horror y qué riesgo
para un obispo, si consiente que no se hable del
Evangelio, y que sólo el ruido de las indulgencias suene sin cesar a los oídos del pobre
pueblo!›

Contestando en otra ocasión a los que le til-
daban de orgulloso y soberbio, dice, dirigiéndose a Lange: ‹Deseo saber cuáles son los errores
que vos y vuestros teólogos habéis hallado en

mis tesis. ¿Quién no sabe que rara vez se proclama una idea nueva sin que su autor sea acusado de orgulloso y de buscar disputas? Si la misma humildad emprendiese algo de nuevo, los que son de opinión contraria dirían que aquello era orgullo. ¿Por qué fueron inmolados Jesucristo y todos los mártires? Porque parecieron orgullosos, menospreciadores de la sabiduría mundana, y porque anunciaron otra nueva, sin haber consultado previa y humildemente a los órganos de la opinión contraria.

«Que no esperen, pues, los sabios del día que yo tenga bastante humildad, o más bien hipocresía, para pedirles un consejo antes de publicar lo que es mi deber hacerlo: en este caso no debo consultar a la prudencia humana, sino al consejo de Dios. Si la obra es de Dios, ¿quién la contendrá? Si no lo es, ¿quién la adelantará?... No mi voluntad, ni la suya, ni la de nadie, sino la tuya, Padre Santo que estás en los cielos.»

Conviene ahora seguir a aquellas proposiciones, por todas las partes adonde penetraron, en el gabinete de los sabios, en la celda de los frailes y en el palacio de los príncipes, para formarse una idea de los distintos y prodigiosos efectos que produjeron en Alemania.

Reuchlin las recibió; estaba cansado del rudo combate que tenía que sostener contra los frailes; la fuerza que el nuevo atleta desplegaba en sus tesis reanimó el espíritu abatido del antiguo campeón de las letras e infundió la alegría en su corazón angustiado. «¡Gracias sean dadas a Dios! —exclamó después de haber leído las tesis—; ya por fin han encontrado un hombre que les dará tanto que hacer, que se verán obligados a dejarme acabar en paz mi vejez.»

El astuto Erasmo se hallaba en los Países Bajos cuando recibió las tesis; se alegró interiormente de ver manifestados con tanto valor sus deseos secretos de que se corrigiesen los abusos; aprobó dichas tesis aconsejando únicamente a su autor más moderación y prudencia; sin embargo, habiéndose quejado algunos en su presencia de la violencia de Lutero, dijo: «Dios ha dado a los hombres un médico que corta así las carnes, porque sin él, la enfermedad hubiera sido incurable.» Y más tarde, habiéndole pedido el elector de Sajonia su opinión sobre el asunto de Lutero, respondió sonriéndose: «Nada me extraña que haya causado tanto ruido, porque ha cometido dos faltas imperdonables, que son: haber atacado la tiara del papa y el vientre de los frailes.»

El doctor Fleck, prior del convento de Steinlausitz, no celebraba misa hacía tiempo, y nadie sabía el por qué; un día halló fijadas en el refectorio de su convento las tesis de Lutero; acercóse a ellas para leerlas y apenas hubo recorrido algunas, cuando sin poder contenerse de alegría, exclamó: «¡Oh!, ¡oh! Al fin ha venido el que esperábamos hace mucho tiempo, y que os hará ver a vosotros, frailes...» Después, como si le-

yese el porvenir, dice Mathesius, y comentando
el sentido de la palabra «Wittemberg», dijo:
«Todos vendrán a esta montaña a buscar la sabiduría, y la hallarán...» Escribió al doctor que
continuara con valor aquel glorioso combate. Lutero le llama un hombre lleno de alegría y de
consuelo.

Ocupaba entonces la antigua y célebre silla
episcopal de Würzburgo un hombre piadoso,
honrado y sabio, según sus contemporáneos;
Lorenzo de Bibra. Cuando iba un gentilhombre
a decirle que destinaba su hija al claustro, le
aconsejaba: «Dadle más bien un marido»; y
luego añadía: «¿Necesitáis dinero para ello? Yo
os lo prestaré.» El emperador y todos los príncipes le estimaban mucho: doliase de los desórdenes de la Iglesia, y más aún de los de los conventos. Las tesis llegaron también a su palacio;
las leyó con gran júbilo, y declaró públicamente
que aprobaba a Lutero. Más tarde escribió al
elector Federico: «No dejéis partir al piadoso
doctor Martín Lutero, porque le culpan sin razón.» El elector, satisfecho de este testimonio,
escribió de su puño y letra al Reformador comu-
nicándoselo.

El mismo emperador Maximiliano, predecesor
de Carlos V, leyó con admiración las tesis del
fraile de Wittemberg; previó que aquel obscuro
agustino podría llegar a ser un poderoso aliado
para la Alemania en su lucha contra Roma; así
es que hizo decir al elector de Sajonia, por un

enviado: «Conservad con cuidado al fraile Lutero, porque podrá llegar un tiempo en que haya
necesidad de él». Y poco tiempo después, hallándose en la Dieta con Pfeffiger, íntimo consejero del elector, le dijo: «Y bien, ¿qué hace
vuestro agustino? Verdaderamente no son de
despreciar sus proposiciones; ya tendrán que
habérselas con él.»

Aun en Roma y en el Vaticano, no fueron re-
cibidas las tesis tan mal como podía creerse.
León X las juzgó como literato más bien que
como papa; la diversión que le causaron las tesis
le hizo olvidar las severas verdades que conte-
nían; y cuando Silvestre Prierias, maestro del
Sacro-Palacio, encargado de examinar los libros,
le aconsejó que declarase a Lutero hereje, le
respondió: «Este hermano, Martín Lutero, tiene
un grande ingenio, y todo lo que se dice contra
él no es más que envidia de frailes.»

Es casi increíble la rapidez con que, antes de
que hubiesen transcurrido quince días, se propa-
garon estas tesis por casi toda Alemania; y en
menos de un mes fueron conocidas en la mayor
parte de la cristiandad europea. En todas partes
se leyeron con ansiedad e interés sumo, y se hicieron de ellas muchas reimpresiones. Un historiador de aquel tiempo dice que la rapidez fué
tan grande, que no parecía sino que los ángeles
mismos habían ido como mensajeros para ponerlas ante los ojos de todos los hombres. Muchos
que ya en su interior eran poco favorables a la

Iglesia de Roma, se llenaron de júbilo al oir ahora en alta voz lo que antes habían pensado en silencio, y saludaron este acto de Lutero como a una señal de fuego en la montaña que llamaba a toda la nación para librarse de las cadenas del papado.

Pero los que admitían tales abusos y sacaban provecho de ellos, se enfurecieron. Mas ninguno de ellos acudió a disputar y discutir con Lutero, respondiendo a su invitación. Tetzel, que desde aquel momento perdió toda la influencia y el buen negocio que hasta entonces había hecho, porque las dichas tesis echaron por tierra su tráfico de indulgencias, quemó las sentencias de Lutero, dió a luz un furibundo escrito, lleno de calumnias contra éste, y trató de revolver el cielo y la tierra con el fin de perderlo. Otros, escribieron también calumniosas acusaciones, y aconsejaron lo que siempre ha sido el remedio más fácil y eficaz de la Iglesia romana, es decir, que fuese quemado por hereje. Los amigos de Lutero empezaron a temer por su vida. Mas él contestaba con firmeza: «Si no se ha comenzado la obra en el nombre de Dios, pronto caerá; pero si ha empezado en su nombre, entonces dejadle a El que obre.» Verdad es que el mismo Lutero tenía motivos para temer las consecuencias de la obra principiada; pero en medio de estas luchas internas y externas, se afirmó su convicción de que no emprendía la causa como suya, sino como de Cristo; y que conservando la dulce paz y alianza con su Salvador, no tenía nada que esperar ni temer del mundo.

Mientras así empezaba la lucha con pequeñas escaramuzas, Lutero, cuya fama corría ya por el mundo, pero que, sin embargo, cumplía todos los deberes de su regla con la conciencia más estricta, hizo un viaje, en Abril de 1518, a Heidelberg, para asistir allí a una reunión de delegados de la orden de Agustinos. Aprovechó, pues, esta ocasión para defender en una controversia sus convicciones, basándolas en las Santas Escrituras. Esta controversia tuvo una importancia tan grande para la obra de la Reforma en Alemania, que no puede dejar de verse en dicho viaje el dedo de Dios y su Providencia. Porque tanto Lutero como sus tesis, eran poco conocidos en el Sur de Alemania, y al mismo tiempo, con intenciones nada cristianas se habían hecho correr sobre él muchos rumores, por cierto muy falsos y calumniosos. Ahora se presentó él mismo, y con su sinceridad y con el poder de su espíritu ganó pronto los corazones de casi todos. Allí conquistó y convirtió a los que después fueron sus colegas y colaboradores en la obra de la Reforma, Martín Butzer, Erhard Schnepf, Juan Brenz y otros, que en aquella ocasión admiraron no solamente su talento y personalidad, sino muy especialmente el modo que tenía de explicar y aplicar las Escrituras.

CAPÍTULO IV

Tan pronto como Lutero regresó de Heidelberg, escribió las *Resoluciones* o sea la explicación de sus tesis, y las envió al obispo de Brandeburgo, y el 30 de Mayo las remitió por conducto del Dr. Staupitz al papa León X, juntamente con una carta llena de respeto, consideración y reverencia. La respuesta llegó en el mes de Julio. Se le requería a comparecer en Roma en el término de sesenta días, para dar allí cuenta de sus *herejías*. Si Lutero se hubiese presentado en Roma, no hubiera escapado a la condenación y a la muerte. Porque ya sabemos la manera empleada por la curia romana para deshacerse lo más pronto posible de los que llama herejes. Pero el elector Federico tenía buena voluntad para con Lutero, porque un amigo de éste era su predicador de corte y secretario particular. Además, no quería que la reciente establecida Universidad de Wittemberg perdiese a un hombre que tanta fama le había conquistado. Por lo tanto, suplicó al papa que la causa fuese vista y sentenciada en Alema nia. El papa León, que tenía sus razones para complacer al príncipe elector, expidió una segunda orden para que Lutero se presentase ante el nuncio pontificio, cardenal Tomás de Vio, natural de Gaeta, y llamado comúnmente Cayetano, el cual se encontraba entonces en Augsburgo con motivo de la Dieta del imperio alemán.

El nombre del juez ante el cual debía comparecer Lutero, no era el más a propósito para inspirarle confianza. Tomás de Vio, nacido en 1469, había hecho concebir grandes esperanzas desde su juventud. A la edad de diez y seis años entró en la Orden de los dominicos, contra la expresa voluntad de sus padres; y después llegó a ser general de su Orden y cardenal de la Iglesia romana. Pero lo peor para Lutero era que aquel sabio doctor se había distinguido como uno de los más celosos defensores de aquella teología escolástica que el Reformador había tratado siempre tan implacablemente. Aseguraban que su madre, hallándose en cinta, había soñado que Santo Tomás en persona instruiría al niño que diese a luz y le dirigiría al cielo; por lo que cuando se hizo dominico cambió su nombre Jacobo en el de Tomás. Había defendido con celo las prerrogativas del papado y las doctrinas de Tomás de Aquino, a quien tenía por el más perfecto de los teólogos. Amigo de la pompa y del fausto, tomaba casi al pie de la letra la máxima romana, de que «los legados son superiores a los reyes», y en consecuencia se hacía rodear de

grande aparato. El 1 de Agosto había celebrado
una misa solemne en la catedral de Augsburgo, y
en presencia de todos los príncipes del imperio,
había puesto el capelo de cardenal en la cabeza
del arzobispo de Maguncia, arrodillado ante el
altar, y entregado al mismo emperador el som-
brero y la espada consagrados por el papa.

Tal era el hombre ante quien iba a comparecer
cer el fraile de Wittemberg, vestido con el hábito de un amigo, por estar el suyo ya muy
gastado. Por lo demás, la ciencia del legado, la
severidad de su carácter y la pureza de sus costumbres le aseguraban en Alemania una influencia y una autoridad que no hubieran conseguido
fácilmente otros cortesanos romanos. Sin duda
fué a esta reputación de santo a la que debió su
misión, sabiendo Roma que semejante reputación sería muy útil a sus miras; así, pues, las
mismas cualidades de Cayetano le hacían más
temible todavía, aunque el asunto de que estaba
encargado era poco complicado. Lutero estaba
ya declarado hereje; si no quería retractarse, el
legado debía encerrarle, y si se escapaba, debía
excomulgar a todo el que osase darle asilo.

Muchos suplicaron a Lutero que no se presentase, y hasta él mismo pensó que la suerte fatal
de Juan Huss podría ser también la suya. Pero
la probabilidad de perder allí su vida no le hizo
temblar. «¿Qué es lo que yo puedo perder?» escribía a su amigo Staupitz. «Mi casa está arreglada. Lo que me queda no es más que el cuerpo

frágil y débil; si quieren despojarme de él, me privarán por algún tiempo de vida, pero el alma no me la pueden quitar. Yo sé que la Palabra de Dios es de tal carácter, que el que quiere predicarla en el mundo, debe, como los apóstoles de Cristo, dejarlo todo, privarse de todo y esperar a todas horas la muerte. Con la muerte ha sido comprada esta Palabra; con la muerte ha sido predicada; por la muerte ha sido sellada; y es preciso que tambien por la muerte sea conservada. Porque así, nuestro esposo nos es un esposo de sangre. Os suplico que oréis para que el Señor Jesucristo acepte y preserve este espíritu de su fidelísi mo siervo.»

En Octubre de 1518 se encaminó a Augsburgo, con entera confianza en su Señor Jesús, a pie, y con un hábito tan raído y estropeado, que en el camino hubo de tomar prestado de un conocido suyo otro más decente. Por insinuación de sus amigos, había pedido y logrado, por si acaso, un salvoconducto del emperador para su seguridad personal. El 7 de Octubre llegó a Augsburgo.

El cardenal Cayetano creyó que le sería fácil volverle otra vez al seno de la Iglesia, única salvadora, como él la llamaba. Exigió de Lutero que se retractase de todo lo que había dicho; que en lo sucesivo no propagase más sus opiniones, y que prometiese además solemnemente evitar en adelante todo lo que pudiese ser nocivo o perjudicial a la Iglesia romana.

—Pido, dignísimo padre—dijo Lutero—, que se me comunique el breve del papa, por el que habéis recibido pleno poder para tratar de este asunto.

Los que formaban la comitiva del cardenal, se admiraron al oir semejante petición, y aunque el fraile alemán les parecía un hombre muy extraño, no podían salir de su asombro ante tal atrevimiento. Los cristianos, acostumbrados a las idea de justicia, quieren que se obre justamente con los demás y consigo mismos; pero los que obran habitualmente de un modo arbitrario, se sorprenden cuando se les pide que obren conforme a las reglas, formas y leyes.

—Esta petición, carísimo hijo, no puede ser concedida—dijo Vio—; debes reconocer tus errores, tener cuidado en lo sucesivo con tus palabras y no reincidir en las mismas faltas, de suerte que podamos dormir sin inquietud ni cuidado; entonces, según la orden y la autoridad de nuestro Santísimo Padre, el papa, yo arreglaré el asunto.

—Dignáos, pues, hacerme conocer en qué he errado—dijo Lutero.

Al oir esta nueva petición, los cortesanos italianos, que esperaban ver al pobre fraile alemán pedir misericordia de rodillas, se asombraron todavía más. Ninguno de ellos hubiera querido rebajarse a responder a una petición tan imprudente; pero de Vio, que no creía generoso aplastar con el peso de toda su autoridad a aquel infeliz fraile, y que confiaba además en su ciencia para conseguir fácilmente una victoria, consintió en manifestar a Lutero los hechos de que le acusaban, y aun entrar en discusión con él. Tomando un tono de condescendencia le dijo:—¡Carísimo hijo! He aquí dos proposiciones que has avanzado y que debes retractar ante todas: 1.ª El tesoro de las indulgencias no se compone de los méritos y sufrimientos de nuestro Señor Jesucristo. 2.ª El hombre que recibe los Santos Sacramentos debe tener fe en la gracia que se le ofrece.

Estas dos proposiciones daban, en efecto, un golpe mortal al tráfico romano. Si el papa no tenía poder para disponer a su gusto de los méritos del Salvador; si, recibiendo los billetes que negociaban los corredores de la Iglesia, no se recibía una parte de la justicia infinita, estos papeles perdían todo su valor, y no se debía hacer más caso de ellos que de cualquier otro pedazo de papel.

Otro tanto se puede decir de los Sacramentos. Las indulgencias eran, más o menos, una rama extraordinaria del comercio de Roma, y los Sacramentos eran su comercio habitual; los ingresos que producían no eran pequeños; pretender que era necesaria la fe para que los tales Sacramentos fuesen verdaderamente útiles al alma cristiana, era privarlos de todo su atractivo a los ojos del pueblo; porque no es el papa quien da la fe; ella está fuera de su poder y procede sólo de Dios; declararla necesaria, era, pues, arrancar del poder de Roma la especulación y todas sus utilidades. Lutero, atacando ambas doctrinas, imitó a Jesucristo cuando derribó las mesas de los cambistas y echó fuera del templo a los mercaderes, diciendo: *No hagáis de la casa de mi Padre un lugar de mercado.*

—En cuanto a las indulgencias—dijo Lutero al legado —, si se me demuestra que me engaño, estoy pronto a dejarme instruir; pero en cuanto al artículo de la fe, si yo cediese lo más mínimo, sería renegar de Jesucristo; no puedo, pues, ni quiero ceder en esto, y con la gracia de Dios no cederé jamás.

Mas Vio, comenzando a enojarse, le replicó:

—Que quieras o no, es menester que hoy mismo retractes este artículo, o si no, por sólo él voy a condenar toda tu doctrina.

—No tengo más voluntad que la del Señor— contestó Lutero—. El hará de mí lo que sea su voluntad; pero aun cuando tuviese mil cabezas, preferiría perderlas todas antes que retractar el testimonio que he dado a la santa fe de los cristianos.

—No he venido aquí a disputar contigo; retracta, o prepárate a sufrir las penas que has merecido—dijo el cardenal. Así terminó la primera entrevista.

El modo noble y decidido del doctor de Wittemberg había sorprendido mucho al cardenal y sus cortesanos. En lugar de un pobre fraile pidiendo perdón por misericordia, encontraron un hombre libre, un cristiano firme, un doctor instruído, que pedía pruebas de aquellas injustas acusaciones y que defendía victoriosamente su doctrina. Todos estaban escandalizados, en el palacio de Cayetano, del orgullo, de la obstinación y de la imprudencia del hereje. Lutero y de Vio aprendieron a conocerse mutuamente y ambos se preparaban para una segunda entrevista.

Al día siguiente, Lutero dió un paso más en favor de una reconciliación.

—Declaro—dijo—estar pronto a responder de palabra o por escrito a todas las objeciones que pueda hacerme el señor legado. Declaro estar pronto a someter mis tesis a las cuatro Universidades de Basilea, de Freiburgo, de Lovaina y París, y a retractar lo que ellas declaren erróneo. En una palabra, estoy pronto a todo lo que se puede exigir de un cristiano. Pero protesto solemnemente contra la extraña pretensión de obligarme a una retractación sin haber sido refutado.

Nada más equitativo, sin duda, que estas proposiciones de Lutero, las que debían embarazar mucho al juez a quien se había prescrito de antemano la sentencia que debía dar. El legado, que no esperaba semejante protesta, procuró ocultar su turbación afectando tomarla a risa, y revistiéndose de la mayor dulzura.

—Esta protesta—dijo a Lutero sonriéndose— no es necesaria; no quiero discutir contigo ni en público ni en privado; sólo deseo arreglar el asunto con bondad y como un padre—. Toda la política del cardenal consistía en dejar a un lado las severas formas de la justicia, que protege a los que son perseguidos, y en tratar la cosa como un asunto de buena armonía entre un superior y un inferior: vía cómoda que abre a la arbitrariedad el campo más vasto.

En la tercera entrevista Lutero entregó al legado su protesta por escrito. He aquí algunos párrafos de ella:

«Lo que me causa mayor pena y me da más que pensar, es que la enseñanza de los papas encierra doctrinas enteramente contrarias a la verdad; ella declara que el mérito de los santos es un tesoro, mientras que toda la Escritura atestigua que Dios recompensa mucho más de lo que hemos merecido. El profeta exclama: *Señor, no entres en juicio con tu siervo, porque ningún viviente será justificado delante de ti.* «Por más honrosa y digna de alabanza que pueda ser la vida de los hombres, desdichados de ellos—dice San Agustín—si se les juzgara sin misericordia.»

«Así, pues, los santos no son salvos por sus méritos, sino únicamente por la misericordia de Dios. Las palabras de la Santa Escritura, que declaran que los santos no tienen bastantes méritos, deben ser superiores a las palabras de los hombres que afirman que tienen de sobra. Porque el papa no es superior, sino inferior a la palabra de Dios.»

Llegando al segundo artículo dice:

‹Yo he afirmado que ningún hombre puede ser justificado delante de Dios, sino por la fe, la cual consiste en esto: que el hombre crea con toda certeza que ha obtenido misericordia. Dudar de esta misericordia es rechazarla. La fe del justo es su justicia y su vida.›

Pero los argumentos bíblicos están demás para los romanistas; y Cayetano, dejando todas las razones de la doctrina cristiana a un lado, invocaba solamente en su favor la constitución de Clemente VI. —¡Retracta! ¡Retracta!—repetía, mostrándole esta Constitución; y entonces Lutero, aceptando la objeción favorita del cardenal, le hizo pagar cara la temeridad que había tenido de entrar en lucha con él. —¡Pues bien!—exclamó con firmeza—, si se puede probar por esa Constitución que el tesoro de las indulgencias es el mérito mismo de Jesucristo, consiento en retractar.

Los italianos, que nada de aquello esperaban, se animaron y no podían contener su alegría, al ver caído por fin en el lazo al adversario. El cardenal agarró el libro que contenía la famosa Constitución, y ufano de la victoria que creía segura, leyó en alta voz y con gran fervor. Los italianos triunfaban, los consejeros del elector estaban inquietos y perplejos. Lutero tenía fija su vista en su adversario; y cuando por fin llegó el cardenal a estas palabras: «El Señor Jesucristo ha adquirido este tesoro con sus padecimientos»,

Lutero le cortó diciendo:—Dignísimo Padre, considerad y meditad con atención esta palabra: *ha adquirido,* Cristo ha adquirido un tesoro por sus méritos, luego los méritos *no son* el tesoro; porque para hablar según los filósofos, la causa es diferente de lo que se deriva de ella. Los méritos de Cristo han adquirido al papa el poder de dar indulgencias al pueblo; pero no son los mismos méritos del Señor los que distribuye la mano del pontífice. Así, pues, mi conclusión es verdadera, y esa Constitución que invocáis con tanto imperio, da testimonio conmigo a la verdad que proclamo.

De Vio tenía todavía el libro en sus manos, y sus miradas fijas en el fatal pasaje; nada hallaba que responder y se veía cogido en la misma red que tendió en la cual le retuvo Lutero con mano fuerte, dejando asombrados a los cortesanos italianos que le rodeaban. Aunque el legado hubiese querido eludir la dificultad, no había medio, porque había abandonado hacía mucho tiempo los testimonios de la Escritura y de los Padres; se refugió en la Constitución de Clemente VI, y quedó preso. Sin embargo, era demasiado sagaz para dejar ver su turbación; queriendo ocultar su rubor, mudó bruscamente de objeto, y se pasó con violencia a otros artículos. Lutero, que conoció aquella hábil maniobra, no le permitió escapar, cerrando por todos lados la red que había echado sobre el cardenal.

—Reverendísimo Padre—le dijo con ironía

mezclada de respeto—; V. E. no podrá pensar sin duda que nosotros los alemanes no sepamos gramática: *ser* un tesoro y *adquirir* un tesoro, son dos cosas muy distintas.

—¡Retracta! ¡Retracta!—le dijo de Vio—, y si no lo haces, te envío a Roma para que comparezcas ante los jueces encargados de examinar tu causa. Te excomulgo a ti, a todos tus secuaces y a todos los que te son o fueren favorables, y los expulso de la Iglesia. Estoy revestido por la Santa Sede Apostólica de plenos poderes para ello. ¿Piensas que tus protectores me contendrán? ¿Crees que el papa tiene miedo de la Alemania? El dedo meñique del papa es más fuerte que todos los príncipes alemanes.

—Dignaos—respondió Lutero—enviar al papa León X, con mis humildísimas súplicas, la respuesta que os he entregado por escrito.

El legado, al oir estas palabras, se revistió de nuevo del sentimiento de su dignidad, y dijo a Lutero con soberbia y cólera.

—Retráctate, o no vuelvas.

Esta palabra hizo impresión a Lutero; se inclinó y salió resuelto ya a responder de otro modo que por discursos; los consejeros del elector le siguieron, y el cardenal y sus italianos quedaron mirándose unos a otros, confusos todos del resultado del debate.

Así despidió orgullosamente a su humilde adversario el representante del sistema romano, cubierto con el esplendor de la púrpura romana.

Pero Lutero sabía que hay un poder, la verdad, que nunca podrá ser subyugado por ninguna autoridad temporal o espiritual.

De los dos combatientes, el que se retiró quedó dueño del campo de batalla.

Viendo el cardenal que nada podía conseguir de Lutero, y asustado, como él mismo dice, de las especulaciones maravillosas que fluían de la cabeza de *esta bestia alemana* de ojos profundos, trató de intimidarle. Pero Lutero no se turbó, aunque todos trataban de infundirle miedo por todas partes. Habiéndole preguntado si pensaba que el príncipe elector estaría dispuesto a emprender una guerra por causa suya, Lutero contestó que nunca había abrigado semejante idea. Entonces le volvieron a preguntar dónde pensaba refugiarse cuando el papa le hubiese excomulgado y el príncipe elector le hubiera echado de su país.—Bajo la capa del cielo—fué su respuesta.

Luego, según costumbre en tales casos, hizo un documento público el 16 de Octubre de 1518, ante notario y testigos, en el cual apelaba del papa mal informado al papa mejor informado. Después, aconsejado por sus amigos, que con razón temían por su seguridad personal partió en secreto de Augsburgo el día 20 de Octubre. De esta manera logró escapar felizmente de las manos de sus enemigos, y todo el mundo presenció el espectáculo maravilloso, de un cardenal tan celebrado por sus títulos y su ciencia, que no había podido vencer a un pobre fraile mendicante.

Cayetano escribió entonces con gran ardor y celo al príncipe elector, pidiéndole que Lutero fuese entregado a la curia romana o que a lo menos fuese expulsado de su país. Pero Lutero justificó ante Federico el Sabio su conducta durante su permaneccia en Augsburgo y su derecho a no ceder a nadie sino a la verdad, y pidió al príncipe que no fuese otro Pilato para con él. Eso no obstante, estaba pronto a emigrar, aun cuando cayese en la miseria.—Yo me iré—escribió al príncipe elector—adonde el Dios eterno y misericordioso quiera; yo me resignaré a su divina voluntad y a su gracia; El haga conmigo lo que quiera. Porque yo sentiría de todo corazón que por mi causa cualquier persona, y mucho menos vuestra alteza, tuviese peligros o contrariedades. «Yo estoy—concluye en su carta—en este tiempo alegre en mi corazón, y doy gracias a Dios de que su amado Hijo Jesucristo me considere digno a mí, pobre pecador, de sufrir aflicción y persecuciones por esta buena y santa causa; El proveerá, preservará y protegerá a vuestra alteza hasta la eternidad. Amén.»

Lutero esperaba a cada momento la excomunión de Roma, y por esta causa tenía hechos los preparativos para emigrar a Francia.

Aquellos días llenos de temor y de esperanza fueron de los más importantes en la historia de la Reforma. El príncipe elector estaba indeciso;

temía la permanencia de Lutero tanto como su marcha. Por fin, llegó a indicarle que se prepárase para el viaje, y Lutero con gran confianza en su fe y seguro de la asistencia divina, dió a sus amigos la cena de despedida; pero las súplicas de la Universidad, que no quería perder su catedrático más docto y afamado, vencieron las dudas del príncipe elector. Lutero tuvo que permanecer.

La excomunión que todos sus amigos temían, no vino. Publicóse solamente una bula confirmando solemnemente la doctrina de las indulgencias que había sido atacada. Entonces Lutero apeló a un concilio general de toda la Iglesia. El papa estaba obligado al elector por muchos servicios, y quería guardarle aún más consideraciones para que la corona del Imperio alemán no recayese en el nieto del emperador Maximiliano, que entonces reinaba, pues el elector de Sajonia era el príncipe de más influencia en la futura elección del emperador. Este pretendiente era Carlos de España, y temía el papa que el cetro del poder supremo en Alemania y en Italia, quedase reunido en una mano, con peligro de la sede papal. Por lo tanto, la corte romana abandonó el camino de la violencia y omó el de la bondad y dulzura; y el gentilhombre de cámara del papa, Carlos de Miltitz, miembro de la nobleza alemana, fué el encargado de arreglar con sus bondadosos modales lo que Cayetano con sus amenazas había echado a perder. Miltitz, que ya en su

camino encontraba a todos llenos de entusiasmo
por Lutero, llevó al príncipe elector una *rosa
consagrada,* como honroso regalo del papa. Pero
esto, en verdad, no causó mucha impresión. Al
siguiente Enero de 1519, invitó con mucha cor-
tesía a Lutero a una entrevista en Altemburgo;
se mostró muy amable con él; le dió la razón en
lo concerniente a los abusos de las indulgencias,
sobre los cuales él mismo había ya reprendido
severamente a Tetzel; pero al mismo tiempo le
conjuró a que no destrozase la iglesia con un
cisma, y a que cediese en su lucha. Lutero le
prometió guardar silencio sobre ésta causa, *con
tal que sus adversarios lo guardasen también.* Asimismo prometió manifestar una vez más al papa
su obediencia; pero añadiendo que no podía resistir lo que estaba claramente fundado en la
Biblia. Así que escribió al papa una carta humilde, diciendo que veneraba la Iglesia sobre todo,
menos sobre Cristo.

CAPÍTULO V

Pero sus adversarios no guardaron silencio.—
El movimiento había ya avanzado tanto que era
imposible detenerlo. El primer motivo para la
continuación de la lucha lo dió el enemigo más
furioso de Lutero: el Dr. Eck, de Ingolstadt. Ya
cuando principiaron las discusiones, un colega
de Lutero, Bodenstein, comúnmente llamado
por el nombre de su pueblo, Carlostadio, había
defendido la causa de Lutero y escrito a favor
de él contra el Dr. Eck con mucho entusiasmo.
El Dr. Eck, que no podía callarse, había lanzado
réplicas violentas, tanto contra Lutero como
contra Carlostadio; y éste le replicó con la mayor energía. La lucha creció de tal manera, que
por fin Eck, según la costumbre de aquellos
tiempos, desafió a su adversario a una controversia pública, en la cual daba por segura la
victoria, confiando en su probada destreza para
esta clase de debates. Todavía antes de la polémica y a principios del año 1519, el Dr. Eck

escribió otro folleto más violento, en el cual atacaba también a Lutero, que, como sabemos, había pactado con Miltitz el guardar silencio *si sus adversarios hacían lo msimo*. Este escrito, lleno de improperios y calumnias daba ya a Lutero el derecho de entrar otra vez en la lucha, tanto más, cuanto que el Dr. Eck hizo imprimir al mismo tiempo trece tesis o proposiciones, sobre las cuales quería disputar con el mismo Lutero. Estas tesis se referían principalmente a las indulgencias y al poder papal. Lutero estaba ya en el deber de contestar, e hizo imprimir igual número de tesis, en las cuales, con más energía y firmeza que en sus primeras, rechazaba las indulgencias como innovación, y también la autoridad incondicional del papa. El Dr. Eck invitó también a Lutero a tomar parte en la controversia pública; y logró al efecto, el permiso del duque Jorge de Sajonia, porque a este ducado pertenecía Leipzig, ciudad designada para el debate. En el mes de Junio de 1519, los adversarios se encontraron en ella: Lutero y Carlostadio, acompañados por algunos estudiantes y profesores de la Universidad de Wittemberg; el Dr. Eck auxiliado con el favor del duque Jorge y por casi toda la Universidad de Leipzig, que tenía celos de la de Wittemberg.

Sorprendente es que Cayetano y Miltitz, que tenían grandísimo interés en evitar que se levantase de nuevo la tempestad, apenas calmada un poco, no hicieron lo más mínimo para impedir esta lucha: tal vez la ignorasen; tal vez confiaran demasiado en la habilidad del Dr. Eck. Nunca creyeron que de este ensayo pudiese salir una nueva derrota del papado.

Era esto sin duda una maravillosa providencia de Dios, que hace ciegos en su orgullo a los que ven y prende a los sabios en su misma sabiduría. El obispo Adolfo de Merseburg, en cuya diócesis se hallaba Leipzig, calculó el peligro de esta polémica con más acierto. Hizo las más enérgicas advertencias al duque Jorge, pero éste le respondió con mucho juicio: «Estoy sorprendido de ver que un obispo tenga tanto horror a la antigua y laudable costumbre de nuestros padres, de examinar las cuestiones dudosas en materia de fe. Si vuestros teólogos se niegan a defender su doctrina más valdría invertir el dinero que se les da en el sostén de mujeres ancianas y de niños que a lo menos saben cantar e hilar...» Pero esta carta no convenció al obispo: el día de San Juan de 1519 y por un edicto fijado en la puerta de la iglesia prohibió el acto. Pero el magistrado de la ciudad de Lepzig estaba tan lleno de entusiasmo por el Dr. Eck que hizo caso omiso del mandamiento del obispo, y la controversia comenzó el 27 de Junio en una sala grande del castillo situado junto al rio Pleisse.

El duque Jorge vino con su corte y otras personas notables, y asistió durante trece días a las discusiones prestando la más viva atención. Los primeros ocho días disputaron Eck y Carlostadio

sobre el libre albedrío. Eck tenía la ventaja de
su palabra agresiva; daba grandes gritos, vocife-
raba y gesticulaba como un actor, con mucho
descaro y altisonantes palabras mientras el doctor Carlostadio, ateniéndose únicamente al fondo
y a sus libros, aparecía más tímido y lento en
sus argumentaciones. Así que el público se inclinaba en favor del Dr. Eck. Pero el debate
entre éste y Lutero fué mucho más provechoso
al partido de la Universidad de Wittemberg. En
Lutero tenía el Dr. Eck un adversario tan bien
preparado en todo y por todo, que sus astucias,
sofismas y vociferaciones fracasaron. En uno de
los puntos principales, el primado del papa, Lutero defendía su afirmación de que no el obispo
de Roma sino Cristo, era la cabeza y jefe de la
Iglesia; y que el papa poseía el primado, no por
derecho divino, sino por tradición humana;
que el poder que el papa había asumido era
usurpado y contrario, tanto a las Sagradas Escrituras, como a la historia eclesiástica de los primeros siglos. Esto lo afirmaba con todo el peso
y fuerza de la lógica, y salió victorioso.

Eck apelaba a los Santos Padres; con ellos le
respondía Lutero; y todos los espectadores ad-
miraban la superioridad que tenía sobre su rival.

—Lo que yo expongo—dijo Lutero—es lo mismo que expone San Jerónimo, y voy a probarlo
por su misma epístola a Evagrius: «Todo obispo
—dice él—, sea de Roma, sea de Eugubium, bien
de Alejandría, bien de Túnez, tiene el mismo

mérito y el mismo sacerdocio. El poder de las
riquezas y la humillación de la pobreza es lo
que coloca a los obispos en una esfera más alta
o más baja.»

De los escritos de los padres, Lutero pasó a
las decisiones de los concilios, que no ven en el
obispo de Roma sino al primero entre sus iguales.

Eck responde con una de aquellas sutiles distinciones que le son tan familiares:

—El obispo de Roma, si queréis, no es obispo
universal, sino obispo de la Iglesia universal.

—Quiero guardar silencio sobre esa respuesta
—dijo Lutero—; que los oyentes la juzguen por
sí mismos.

—Cierto—añade en seguida—; he aquí una
teoría digna de un teólogo, y muy a propósito
para saciar a un disputador hambriento de gloria.
No ha sido inútil mi costosa estancia en Leipzig,
pues he aprendido aquí que el papa no es, en
verdad, obispo universal, sino que es el obispo
de la Iglesia universal.

—Pues bien—dijo Eck—; vuelvo a lo esencial:
El venerable doctor me pide le pruebe que la
primacía de la Iglesia de Roma es de derecho
divino; lo que pruebo con estas palabras de Cristo: *Tú eres Pedro, y sobre esta piedra edificaré
mi iglesia.*» San Agustín, en una de sus epístolas
ha expuesto así el sentido de este texto: *Eres
Pedro, y sobre esta piedra,* es decir, sobre Pedro,
edificaré mi Iglesia. *Es verdad que este mismo San
Agustín ha manifestado en otra parte que por esta*

piedra debía entenderse Cristo mismo; pero él no
ha retractado su primera exposición.

—Si el reverendo doctor quiere atacarme—
dijo Lutero—, que concilie antes estas palabras
contradictorias de San Agustín. Porque es cierto
que San Agustín ha dicho muchas veces que la
piedra era Cristo, y apenas una sola vez que era
el mismo Pedro. Mas aun cuando San Agustín y
todos los padres dijeran que el apóstol es la piedra de que habla Cristo yo me opondría a todos
ellos, apoyado en la autoridad de la Escritura
Santa, pues está escrito: *«Nadie puede poner otro
cimiento que el que ha sido puesto, que es Jesucristo.»* (I.ª Corint. 3, 11.) El mismo Pedro llama a
Cristo *«la piedra angular y viva, sobre la cual estamos edificados para ser una casa espiritual.»*
(I.ª de San Pedro 2, 4, 5.)

El Dr. Eck no tuvo otra contestación sino decir que Lutero era otro hereje más que seguía
las huellas de Juan Huss. Y cuando Lutero le
contestó:—Querido doctor, no todas las doctrinas de Juan Huss eran herejías—e doctor Eck se
asustó de tal afirmación y quedó como fuera de
sí. Y hasta el duque Jorge exclamó con voz tan
alta que se pudo oir en toda la sala:—¡Válgame
la pestilencia! Disputaron después acerca del purgatorio, sobre las indulgencias, el arrepentimiento y las doctrinas que con éstas tenían relación.
Los debates terminaron el 15 de Julio. El Dr. Eck,
siguiendo su costumbre, se atribuyó la victoria
con grandes alardes de triunfo; mas todos vieron

que en los puntos principales había tenido que ceder a la ciencia y a los argumentos de Lutero.

Pero esta controversia dió un gran impulso a la causa de la Reforma. Se habia hablado sobre el papado, sus errores y abusos, con una claridad y franqueza inusitadas, y dichos errores se habían hecho más patentes que nunca. Y, por otro lado, las verdades allá proclamadas habían impresionado a muchos de los oyentes. Uno de los resultados más importantes fué que un joven colega de Lutero en la Universidad de Wittemberg, Felipe Melanchton, en el curso de estos debates se decidiera completamente en favor de la doctrina de Lutero.

Este catedrático, joven de veintidós años, contribuyó desde entonces a la Reforma con la riqueza de sus conocimientos, y pronto llegó a ser, después de Lutero, el instrumento más importante de ella. Como en el curso de esta historia hemos de nombrarle más de una vez, conviene que adelantemos sobre él algunas noticias.

Felipe Melanchton, hijo de Jorge Schwarzerd, famoso fabricante de armas, nació el 16 de Febrero de 1497 en Bretten, palatinado del Rhin. El renombrado humanista Juan Reuchlin era hermano de su abuelo paterno. Después que Felipe hubo concluído sus primeros estudios en el colegio latino de Pforzheim, pasó a la Universidad de Heidelberg, con el fin de seguir su carrera, aunque no contaba más que doce años. Pero su talento y disposición eran tan grandes, que en dos años recibió el grado de bachiller en filosofía, y pronto aspiró también al de doctor; mas por ser de tan corta edad, le fué negado. Poco satisfecho con esto, y como tampoco le agradaba el clima de Heidelberg, pasó a Tübingen, donde se aplicó con toda diligencia, escribió una gramática griega, se hizo doctor el año 1514, y poco después empezó a dar conferencias públicas.

La Santa Escritura le ocupaba principalmente. Los que frecuentaban la iglesia de Tübingen, habían notado que tenía muchas veces entre sus manos un libro, en el que leía durante el culto divino. Aquel desconocido volumen parecía mayor que los manuales de oraciones y corrió el rumor de que Felipe leía en aquel acto obras profanas; mas se vió con sorpresa que el libro que había inspirado tal sospecha era un ejemplar de las Santas Escrituras, impreso hacía poco tiempo en Basilea por Juan Frobenius. Toda su vida continuó aquella lectura con la más asidua aplicación; siempre llevaba consigo aquel precioso volumen a todas las asambleas públicas a las que era llamado. Despreciando los vanos sistemas de los escolásticos, se atenía a la simple palabra del Evangelio. Erasmo escribía entonces a Ecolampadio: «Tengo el concepto más alto y las esperanzas más grandes acerca de Melanchton: que Cristo haga solamente que nos sobreviva largo tiempo, y eclipsará totalmente a Erasmo...» Sin embargo, Melanchton participa de los errores de su siglo. «Me estremezco—dice en una edad avanzada de su vida—al pensar en el culto que yo daba a las estatuas, cuando pertenecía aún al paganismo.»

En 1518 fué nombrado catedrático de la Universidad de Wittemberg por recomendación de Reuchlin. Aquí se le oía con tanto gusto e interés que la concurrencia de sus discípulos aumentaba de día en día, y pronto llegó a ejercer tanta influencia en los ánimos que se le puede llamar el Reformador científico. Al punto le designó la fama como el preceptor germánico, el maestro de Alemania.

Cuatro días después de su llegada, el 22 de Agosto, pronunció el discurso de inauguración; toda la Universidad se hallaba reunida; el muchacho, como le llamaba Lutero, habló en un latín tan elegante y descubrió un entendimiento tan cultivado y un juicio tan sano, que todos sus oyentes quedaron sorprendidos.

Terminado el discurso todos se apresuraron a felicitarle; pero nadie se alegró tanto como Lutero, el cual comunicó a sus amigos los sentimientos que llenaban su corazón. «Melanchton—escribió a Spalatin el 31 de Agosto—ha pronunciado, cuatro días después de su llegada una arenga tan sabia y bella, que todos le han oído con aprobación y sorpresa: pronto nos hemos desengañado de la idea que habíamos formado de él por su exterior; elogiamos y admiramos sus palabras y damos gracias al príncipe y a vos por el servicio que nos habéis prestado. No pido otro maestro de lengua griega; pero temo que su delicado cuerpo no pueda soportar nuestros alimentos, y que no le conservaremos mucho tiempo, a causa de lo módico de su sueldo. Sé que los habitantes de Leipzig se jactan ya que van a llevárselo a su seno. ¡Oh mi querido Spalatin! Guardaos de despreciar la edad y la persona de este joven, el cual es digno de todo honor.»

Melanchton se dedicó luego con mucho ardor a explicar a Homero, y la epístola de San Pablo a Tito. «Haré todos mis esfuerzos—escribía a Spalatin—para merecer en Wittemberg la estimación de todos los que aman las letras y la virtud.» Cuatro días después de la toma de posesión de su cátedra, Lutero escribía otra vez a Spalatin: «Os recomiendo muy particularmente al muy sabio y muy amable helenista Felipe. Su auditorio es siempre numeroso; todos los teólogos principales vienen a oirle: inspira tal afición a la lengua griega, que todos, grandes y pequeños, se dedican a aprenderla.»

Melanchton sabía apreciar y corresponder al afecto de Lutero. Pronto descubrió en él una bondad de carácter, una fuerza de espíritu, un valor y una sabiduría que no había encontrado hasta entonces en ningún hombre. Le veneró y le amó. «Si hay alguno—decía—a quien yo ame desde lo más íntimo de mi corazón es a Martín Lutero.»

Muy pronto le unió con Lutero una amistad

estrecha. Melanchton reunía en sí tanto la profundidad como la elegancia del estilo, gran pureza de pensamientos y de conducta, la sencillez de un niño en su trato, y una piedad sincera y sin hipocresía; de manera que era estimado de todos. Sin mostrarse débil poseía mansedumbre, dulzura de carácter y deseo de reconciliar a los adversarios, cualidades que hicieron de él el ángel de paz de la Reforma, mientras Lutero era en aquellas grandes luchas el campeón siempre pronto a entrar en batalla. Esta mutua relación entre Lutero y Melanchton, en la cual el uno suplía las faltas del otro, Lutero dando a Melanchton la fuerza de su energía, y Melanchton a Lutero la profundidad y el genio de su sabiduría y ciencia, es una de las cosas más dignas de notarse en aquel gran tiempo de la Reforma. Era una amistad sincera y noble, fundada en el amor común hacia el Altísimo, y en la común defensa de las más preciosas verdades y beneficios espirituales. Nunca la menoscabaron pequeñeces, envidias o suspicacias; aunque no faltaba quien quería sembrar la enemistad entre ellos; antes bien, aquella amistad creció con el tiempo por el reconocimiento mutuo de sus talentos y por el noble entusiasmo que ambos sentían en favor de la misma causa. Por lo demás, la llegada de Melanchton causó una revolución, no sólo en Wittemberg, sino en toda la Alemania y entre todos los sabios. Desapareció la esterilidad que había producido la doctrina escolástica en la enseñanza y empezó un nuevo método de enseñar y estudiar.

Por otra parte, era muy importante que un hombre que conocía a fondo el griego enseñase en aquella Universidad, en la que los nuevos horizontes de la teología llamaban a maestros y discípulos a estudiar en la lengua original los documentos primitivos de la fe cristiana. Desde entonces se dedicó Lutero con celo a este trabajo. El sentido de tal o cual palabra griega que había ignorado hasta entonces, aclaraba al instante sus ideas teológicas. ¡Qué alivio y qué gozo no sintió, por ejemplo, cuando supo que el término griego *«arrepentimiento»,* que según la Iglesia romana designaba *penitencia,* expiación humana, significa propiamente una *transformación o conversión* del corazón!

Los dos sentidos diferentes, dados a dicha palabra, son precisamente los que caracterizan a las dos iglesias. La iglesia del papa vincula la salvación en las obras de penitencia y mortificación como si Jesucristo no lo hubiese expiado todo en sí mismo sobre el madero: la iglesia evangélica, siguiendo a Cristo y a los apóstoles la pone en la conversión o cambio del corazón.

Còmo lós debates de Leipzig no habían tenido un fin decisivo, còntinuó la lucha por medio de la pluma. Levantóse còntra Lutero un verdadero torbellino de escritos. Pero tampoco faltaron amigos que le ayudasen, publicando multitud de

artículos o folletos en que atacaban severamente
la ignorancia y los vicios del clero. Hasta los
nobles de Alemania le ofrecieron el apoyo de
su espada; Silvestre de Schaumburgo, caballero
piadoso y Francisco de Sickringen, «la flor y
nata de la nobleza alemana», le ofrecieron sus
castillos como lugares de refugio, y pusieron a
su disposición sus servicios, sus bienes, sus personas, y todo cuanto poseían. Ulrico de Hutten
escribía: «¡Despierta, noble libertad! Y si acaso
surgiese un impedimento cualquiera en estas cosas que ahora tratáis con tanta seriedad y ánimo
tan piadoso, por lo que veo y oigo, por cierto
que lo sentiría. En todas ellas os prestaré gus-
toso mi concurso, cualquiera que sea el éxito:
os ayudaré fielmente y con todo mi poder; ya
podéis revelarme sin miedo alguno todos vuestros propósitos y confiarme toda vuestra alma.
Con la ayuda de Dios queremos proteger y conservar nuestra ibertad, y salvar confiadamente
nuestra patria de todas las vejaciones que hasta
ahora la han oprimido y molestado. Ya veréis
cómo Dios nos ayuda.»

Lutero se gozaba con tales pruebas de afecto;
sin embargo, el áncora de su esperanza no des-
cansaba en la espada, sino en la roca eterna del
amor de Dios. «Yo no quiero—decía—que recu-
rran a las armas ni a la matanza para defender
el Evangelio. Por la palabra fué vencido el mundo; por la palabra se ha salvado la iglesia, y por
la palabra deberá ser reformada. Yo no desecho

tales ofertas; sin embargo, no quiero otro protector sino a Cristo.› En una carta que en aquel tiempo escribió a Spalatin dice: Si el Evangelio fuese de tal carácter que hubiera de ser preservado por los poderosos del mundo, entonces Dios no lo hubiera confiado a pescadores. No es cosa que atañe a los príncipes el proteger la Palabra de Dios. Ya habéis visto lo que Hutten desea. Pero yo no quisiera que el Evangelio fuese defendido a viva fuerza y con derramamiento de sangre, y en este sentido le he contestado.› ¡Ojalá que así hubieran hablado también los papas, en lugar de derramar a torrentes la sangre de los Waldenses y Albigenses, y de quemar a Juan Huss en la hoguera!

En esta disposición de ánimo escribió Lutero aquella famosa carta, tan enérgica como atrevida, *Manifiesto a Su Majestad Imperial y a la nobleza cristiana de Alemania sobre la reforma del cristianismo.* En este librito no lucha ya solamente contra los abusos del poder papal, sino contra el mismo papado. Exhorta a la nación a librarse de las cadenas de Roma, a quitar al papa la influencia que hasta entonces ejerciera sobre la iglesia alemana, privarle de las enormes sumas que sacaba de este país, conceder otra vez a los sacerdotes la libertad de casarse, reformar los conventos y suprimir los de las órdenes mendicantes. Con el dolor de un corazón cristiano, y con el justo enojo de un corazón alemán, emplaza al papa y le acusa de que con sus indulgencias ha-

bía enseñado a ser perjura e infiel a una nación
fiel y noble.

«No es por temeridad—dice—por lo que yo,
hombre del pueblo, me determino a hablar a
vuestras señorías. La miseria y la opresión
que abaten actualmente todos los Estados
de la Cristiandad, y en particular a la Alemania, me arrancan un grito de dolor. Es necesario que yo pida socorro. Dios nos ha dado por
jefe a un príncipe joven generoso, el emperador
Carlos V, y ha llenado así de grandes esperanzas nuestros corazones. Mas nosotros debemos
hacer de nuestra parte todo lo que podamos.

«Los romanos se han encerrado dentro de tres
murallas para resguardarse de toda reforma. Si
el poder temporal los ataca, dicen que ningún
derecho tiene sobre ellos, y que el poder espiritual es superior al temporal. Si se les quiere con-
vencer con la Santa Escritura, responden que
nadie puede interpretarla sino el papa. Si se les
amenaza con un concilio, contestan que nadie
puede convocarlo sino el Soberano Pontífice.

»Mas ahora que Dios nos ayude y nos dé una
de aquellas trompetas que derribaron los muros
de Jericó: derribemos con nuestro soplo las murallas de paja y de papel que los romanos han
construído en derredor suyo.

»Se dice—continúa Lutero—que el papa, los
obispos, los presbíteros y cuantos habitan en los
conventos forman el estado espiritual o eclesiástico, y que los príncipes, nobles, ciudadanos y

plebeyos forman el estado seglar o laico. Esta es una bonita invención; sin embargo nadie se asuste por ella. Todos los cristianos forman el estado espiritual, y entre ellos no hay otra diferencia sino la de las funciones que desempeñan. Todos tenemos un mismo bautismo, una sola fe, y esto es lo que constituye al hombre espiritual. La tonsura, la ordenación y la consagración que dan los obispos o el papa, pueden hacer un hipócrita, pero jamás un hombre espiritual. Todos a la vez somos consagrados sacerdotes por el bautismo, como lo dice San Pedro: «Sois sacerdotes y reyes.» No está conferido a todos el poder de ejercer tales cargos pues ninguno puede apropiarse lo que es común a todos sin el beneplácito de la comunidad. Mas si la consagración de Dios no estuviese en nosotros, la unción del papa no sería válida para ordenar un presbítero.

»De ahí se sigue que entre los laicos y sacerdotes príncipes y obispos, o, como dicen, eclesiásticos y seglares, nada hay que los distinga, excepto sus funciones. Todos tienen una misma profesión, pero no todos tienen una misma obra que hacer.

»Siendo esto así, ¿por qué el magistrado ha de dejar de corregir al clero? El poder secular ha sido establecido por Dios para castigar a los malos y proteger a los buenos. Es preciso dejarle obrar en toda la cristiandad, sea el que fuere aquel sobre quien caiga: papa, obispos, presbíteros, frailes, monjas, etc. San Pablo dice a to-

dos los cristianos: «Toda alma esté sumisa (por
consiguiente, el papa también) a las potestades
superiores; porque no en vano llevan la espada.»
(Rom. 13, 1-4.)

Lutero, después de haber derribado asímismo
las otras dos murallas, pasa en revista todos los
abusos de Roma.

Principia por el papa. «Es una cosa horrible—
dice—contemplar al que se nombra vicario de
Jesucristo, con una magnificencia superior a la
de los emperadores. ¿Es esto parecerse al pobre
Jesús o al humilde San Pedro? ¡El es—dicen—el
Señor del mundo! Mas Cristo, del que se jacta
ser vicario, dijo: «Mi reino no es de este mundo.»
El reino de un vicario, ¿se ha de extender más
allá que el de su Señor? ¿No es ridículo que el
papa pretenda ser heredero legítimo del imperio?
¿Quién se lo dió? ¿Fué Jesucristo cuando dijo:
«Los reyes de las naciones se enriquecen, mas
no vosotros»? (Lucas 22, 25-26.)

Pasa luego a pintar los efectos de la domina-
ción papal. «¿Sabéis de qué sirven los cardenales? Voy a decíroslo: la Italia y la Alemania
tienen muchos conventos y curatos ricamente
dotados. ¿Cómo trasladar estas riquezas a Roma?
¡Se han creado cardenales, se les han dado estos
claustros y estas prelacías; y actualmente la Italia está casi desierta; los conventos están destruídos; los obispados, devastados, las villas
decaídas; los habitantes, corrompidos; el culto
está expirando y la predicación abolida! ¿Por

qué? Porque es menester que todos los bienes
de las iglesias vayan a Roma. ¡Jamás el turco
mismo hubiera arruinado así a la Italia! Ahora
que han chupado así la sangre de su pueblo,
pasan al nuestro; principian poco a poco: pero,
¡cuidado con ellos!, pronto se encontrará Alemania en el mismo estado que Italia. ¿Cómo es
posible que nosotros, alemanes, suframos tales
latrocinios y exacciones del papa? ¡Ah, si a lo
menos no nos despojasen sino de nuestros bienes! Pero devastan las iglesias, trasquilan los
corderos de Cristo; están aboliendo el culto y
borrando la palabra de Dios.»

¿No se podrá decir hoy día otro tanto de nuestra España?

Lutero se ocupa a continuación del matrimonio del clero. Es la primera vez que trata este
asunto.

«¡En qué estado ha caído el clero, y cuántos
sacerdotes se ven cargados de mujeres, de hijos,
de pesares sin que nadie se compadezca de ellos!
Que el papa y los obispos dejen correr lo que
corre, y perderse lo que se pierde, en hora buena;
mas yo quiero salvar mi conciencia, quiero abrir
libremente la boca, aunque se escandalicen luego
papa, obispos y quienquiera. Yo digo, pues, que
conforme a la institución de Jesucristo y de los
apóstoles, cada pueblo debe tener un párroco u
obispo, y que este ministro pueda tener legítima-
mente una mujer, como Pablo lo escribe a Timoteo: «Que el obispo sea marido de una sola mu-

jer» (I.ª Timoteo 3, 2); como se practica aún en la iglesia griega. Mas el diablo ha inducido al papa, como lo dice San Pablo en I.ª Tim. 4, I-3, a prohibir el matrimonio al clero. Y de ahí han dimanado tales y tantas miserias que es imposible enumerarlas.»

Ningún orador habló jamás así a la nobleza del imperio, ni al mismo emperador y al papa.

En verdad, esta carta era una exhortación a los más nobles del pueblo, para romper las cadenas que los sujetaban a Roma. Sacó a luz todas las vejaciones e iniquidades que los buenos alemanes habían sufrido ya desde siglos anteriores por aquellas sanguijuelas romanas, y demostró cómo el clero en Roma hacía mofa de su paciencia. Con elocuencia poderosa apelaba al sentimiento nacional, y decidió el desenvolvimiento de la reforma.

Dirigida esta exhortación a la nobleza germánica pronto se esparció por todo el imperio. Los amigos de Lutero temblaban; Staupitz y los que querían seguir las vías de la dulzura encontraron el golpe demasiado fuerte. «En nuestros días—respondió Lutero—, todo lo que se trata con lentitud cae en el olvido y nadie le hace caso.» Al mismo tiempo mostraba una simplicidad y una humildad admirables en cuanto a su persona. «Yo no sé qué decir de mí—escribía—; quizá soy el precursor de Felipe (Melanchton); le preparo, como Elías, el camino en fuerza y espíritu.»

No era necesario esperar a otro; el que había

de aparecer, ya estaba presente. La exhortación
a la nobleza germánica salió a luz el 26 de Junio
de 1520; en poco tiempo se vendieron 4.000
ejemplares, número extraordinario para aquel siglo. La fuerza, la claridad, y el noble atrevimiento que campeaban en ella, la hicieron un
escrito verdaderamente popular.

En los palacios y en los castillos, en las mo-
radas de los ciudadanos y en las cabañas, están
ya todos dispuestos y armados contra la sentencia de condenación que Roma va a descargar
sobre este profeta del pueblo.

Inmediatamente después, Lutero, con prodi-
giosa actividad, lanzó un escrito tras otro, como
nuevos mensajeros henchidos de entusiasmo.
En el libro *De la cautividad babilónica* demuestra
que la institución del papado es obra del diablo
para quitar de la vista del pobre cristiano todas
las verdades del puro Evangelio. En dicho libro
dice primeramente que debía negar la existencia
de los siete sacramentos, porque no había más
que tres: el bautismo, el arrepentimiento y la
santa cena. (Cuando después comprendió mejor
la enseñanza de Cristo sobre este punto, reconoció el arrepentimiento como condición de la fe
salvadora, pero no como sacramento.)

«Estos sacramentos—añade—han sido ence-
rrados por decirlo así, en una prisión miserable
por la corte romana, que ha robado a la Iglesia
todas sus libertades.»

Hablando de la *Cena del Señor,* enumera tres

modificaciones esenciales de este sacramento, es decir: 1.º Que la Iglesia romana había privado del cáliz a los legos. 2.º Que enseña la doctrina de la transubstanciación (conversión del pan y vino en carne y sangre de Cristo). 3.º Que obliga a todos a creer que la misa es una buena obra y un sacrificio. Para llegar al sacramento puro y verdadero, debían ante todo quitarse las fórmulas que los hombres habían añadido a la primitiva y sencilla institución de este sacramento.

En el del *bautismo* está conforme con la forma en que lo administra la Iglesia romana; pero lamenta, con razón, que el poder y la gloria de este sacramento fuesen por ella tan poco respetados.

Del *arrepentimiento* dice que la avaricia de los pastores había abusado de él de una manera terrible contra las ovejas de Cristo. En lugar de la promesa y la fe, habían puesto tres cosas: el arrepentimiento, la confesión y la satisfacción. Se había hecho un mérito del arrepentimiento, en vez de considerarlo como una conversión del alma, y los más atrevidos hasta habían inventado un medio arrepentimiento o atrición. La *confesión,* que era útil y necesaria, se había convertido en una tiranía y una fuente de provecho para los papas; y la *satisfacción* era explicada y enseñada de tal manera, que no podía el pueblo entender lo que constituía la verdadera satisfacción, que no es otra cosa que la renovación de la vida por la fe.

Lutero arrojando a las llamas la bula del Papa

Sobre la *confirmación* expone que no puede probarse que Cristo la haya instituido, aunque puso las manos sobre muchos: es una invención de la Iglesia que nunca puede ser considerada como sacramento.

«El *matrimonio* —continúa diciendo—se considera también como sacramento, pero sin apoyo alguno en la Sagrada Escritura; y no se recibe gracia de Dios por él. Tampoco Dios lo ha instituido con el objeto de que tuviese mérito ante sus ojos como obra buena. Ni puede llamarse sacramento del Nuevo Testamento, porque existía ya desde el principio del mundo, y también entre los infieles.» Demuestra que el pasaje en Efesios 5, 32: «Este misterio es grande; mas yo digo esto con respecto a Cristo y a la Iglesia», se había aducido solamente por los que ignoraban el griego; porque en él se habla del matrimonio como una figura o parábola de Cristo y de la Iglesia, y no como un sacramento.

Sobre la *consagración de los sacerdotes* expone asimismo que no es sacramento, sino una institución eclesiástica; la Iglesia, empero, no tiene poder de ordenar nuevas promesas de la gracia divina. De aquí ha provenido la abominable tiranía de los individuos del clero, que se han considerado mejores que sus hermanos por causa de la unción papal. Los pastores se han convertido en lobos; los siervos, en esclavos, y los clérigos, en hombres mundanos.

Contra el sacramento de la *extremaunción,* que

se pretende probar por la epístola de Santiago,
capítulo 5, versículos 14 y 15, dice con razón
que no es facultad de los apóstoles instituir un
sacramento; este es privilegio de Cristo, y
en los Evangelios no se lee nada de tal sacramento. Pero aun este texto que habían aducido
no se refería en modo alguno a una última unción de los moribundos, sino todo lo contrario, a
la curación de enfermos por medio de la oración.

Como suplemento de este libro de polémica
sirve el discurso *Sobre las buenas obras,* donde
el Reformador expone con vigor la doctrina de
la justificación por la fe. «La primera, la más noble, la más sublime de todas las obras—dice—
es la fe en Jesucristo. De esta obra deben proceder todas las obras: todas ellas son súbditas
de la fe, y de ella sola reciben su eficacia.

»Si un hombre tiene en su corazón la certidumbre de que lo que hace es grato a Dios, la
obra es buena, aunque no consistiere sino en le-
vantar una paja del suelo; mas si no tiene esa
certidumbre, su obra no es buena, aunque resu-
citase a los muertos. Un pagano, un judío, un
turco, un pecador puede hacer todas las demás
obras; pero confiarse firmemente en Dios y tener
la certidumbre de que uno le es agradable, es lo
que sólo el verdadero cristiano puede hacer.

»En consecuencia, yo he ensalzado siempre la
fe; pero en el mundo sucede de otra manera.
Predicar la fe—dicen—es impedir las buenas
obras. Mas si yo digo a un enfermo: «Posee la

salud y gozarás de tus miembros», ¿se dirá que le privo del uso de sus miembros? ¿No debe preceder la salud al trabajo? Esto es lo mismo que cuando predicamos la fe: ella debe preceder a las obras, a fin de que las mismas obras puedan subsistir.

»¿Dónde hallaremos esta fe—diréis—y cómo podremos recibirla? En efecto; esto es lo que más importa conocer. La fe viene únicamente de Jesucristo, es prometida y dada gratuitamente.

»¡Oh hombre! Represéntate a Cristo y considera cómo Dios te muestra en El su misericordia sin ningún mérito de tu parte. Saca de esta imagen de su gracia la fe y la certidumbre de que todos tus pecados te están perdonados: esto no lo pueden producir las obras. De la sangre, de las llagas, de la misma muerte de Cristo es de donde mana esa fe que brota en el corazón.»

Melanchton, al enviar este discurso a uno de sus amigos, lo acompañaba con estas palabras: «No hay ningún escritor griego ni latino que se haya aproximado más al espíritu de San Pablo que Lutero.»

Una vez más fué Lutero impulsado y persuadido por Miltitz a tender la mano para una reconciliación. Como base para ella escribió su *Sermón de la libertad del hombre cristiano,* y lo envió al papa León X. Este excelente librito daba en breves palabras una explicación de la doctrina cristiana, según la Sagrada Escritura. En su carta al papa le exhortaba con mansedum-

bre, pero también con firmeza, a que evitase las
últimas consecuencias de aquellas controversias, reformando la atmósfera pestilente que en
su corte le rodeaba. El papa no se enojó por
esto; se regocijó de los brillantes talentos de
Martín, y creía que todo ello no era más que
disputas de frailes.

CAPÍTULO VI

LA BULA DEL PAPA Y LA SEÑAL DEL FUEGO

El Dr. Eck marchó a Roma lleno de enojo contra Lutero, y no descansó hasta que en 15 de Junio de 1520 logró que fuese expedida la bula de excomunión papal. Esta bula condenaba 41 sentencias o conclusiones de Lutero, así como sus libros, y le lanzaba de la comunión de la Iglesia, si no se retractaba en el término de sesenta días. Todo el que aceptase la doctrina de Lutero, quedaba conminado con la pérdida de todos sus oficios y dignidades, y privado de enterramiento en lugar sagrado, etc. Lleno de gozo por tal triunfo, volvió el Dr. Eck con esta bula a Alemania, pero no logró muy buena suerte con ella. El hecho de llevarla él mismo, daba al hecho tales apariencias de venganza personal, que la impresión causada por la bula fué poco eficaz y casi contraproducente. Hasta en Leipzig le enviaron cartas llenas de amenazas, y se burlaron de él de todas maneras. En Erfurt la bula fué hecha pedazos por multitud de estudiantes y echada después al agua; y en

otras muchas partes ni siquiera fué publicada.
Mas ¿qué significaban todas estas resistencias de
estudiantes, rectores y del clero? Si la poderosa
mano de Carlos V se une a la del papa, ¿no
aplastarán juntos a estos escolares?

Al Reformador no se le oculta el enorme peligro en que se halla, pero eleva sus ojos al cielo
y su alma se acoge al trono de Dios. «¿Qué va a
suceder? Lo ignoro—dice—; sin embargo, no
tengo empeño en saberlo. Sólo sé, y me basta,
que ni una hoja del árbol cae sin el beneplácito
de nuestro Padre celestial. Es poca cosa morir
por el Verbo, pues que este Verbo se hizo carne
y murió por nosotros; con El resucitaremos si
con El morimos.»

Todo el mundo se preguntaba qué iba a hacer
Lutero entonces. En primer lugar, reiteró en 17
de Noviembre la apelación al juicio de un concilio general de toda la Iglesia, que había hecho
ya dos años antes.

El acto revistió la siguiente solemnidad; a las
diez de la mañana se reunieron Lutero, un notario público y cinco testigos en una sala del convento de Agustinos, y Lutero declaró en voz alta:

«En atención a que el poder general de la iglesia cristiana es superior al del papa, sobre todo
en lo concerniente a la fe;

»En atención a que el poder del papa no es
superior, sino inferior a la Escritura, y que él no
tiene derecho para degollar los corderos de Cristo y abandonarlos al lobo;

›Yo, Martín Lutero, agustino, doctor en Sagrada Escritura en Wittemberg, apeló por este escrito por mí y por los que están o estarán conmigo, del santísimo papa León, a un concilio universal y cristiano.

›Y apelo del dicho papa León, primeramente, como de un juez inicuo, temerario, tirano, que me condena sin oírme y sin exhibir los motivos. Segundo, como de un hereje, condenado por la Sagrada Escritura, que me ordena negar que la fe cristiana sea necesaria para la recepción de los sacramentos. Tercero, como de un adversario y un tirano de la Sagrada Escritura, que osa oponer sus propias palabras a las palabras de Dios. Cuarto, como de un menospreciador de la santa Iglesia cristiana y de un concilio libre, y que pretende que un concilio no es nada en sí mismo.›

Esta protesta fué enviada a muchas cortes de la cristiandad.

Después atacó la misma bula, en un escrito intitulado *Contra la bula del Anticristo,* en el cual hacía la defensa de todas las doctrinas que la bula había condenado. Sólo citaremos un párrafo. La décima proposición de Lutero estaba así concebida: «Los pecados no le son perdonados a ningún hombre, si no cree que le están perdonados cuando le absuelve el confesor.» Al condenar el papa esta proposición, negaba fuese necesaria la fe en el sacramento de la penitencia. «Pretenden—exclama Lutero—que no debemos creer que nos sean perdonados los pecados sino cuando somos absueltos por el sacerdote. ¿Qué debemos hacer, pues? Escuchad, ¡oh cristianos!, la noticia que acaba de llegar de Roma. Se pronuncia condenación contra este artículo de fe que confesamos, diciendo: Creo en el Espíritu Santo, en la Iglesia Universal y en el perdón de los pecados.»

Entretanto que Lutero hablaba con tanta energía, el peligro arreciaba. Ya principiaba a ponerse en ejecución la bula; no era vana la palabra del sumo pontífice; las hogueras se levantaban a su voz y quemaban los libros del hereje, en Amberes, Lovaina, Maguncia, Colonia, Ingolstadt y otras poblaciones; pero en todas partes el pueblo se alborotó y demostró su enojo por este proceder. Tampoco los príncipes de Alemania, reunidos entonces para asistir a la coronación del nuevo emperador Carlos V, estaban contentos. Mas lo que los nuncios del papa anhelaban, no era quemar libros y papeles, sino al mismo Lutero. Emplearon todos los medios posibles para lograr un edicto contra la cabeza de Lutero. Pero Carlos no fué tan condescendiente. «No puedo—les contestó—, sin el parecer de mis consejeros y el consentimiento de los príncipes, descargar semejante golpe sobre una fracción numerosa y protegida por tan poderosos defensores. Sepamos primeramente qué piensa de esto nuestro padre el elector de Sajonia; veremos después lo que tendremos que contestar al papa.» En vista de esto, los nuncios se dirigen al elec-

MONUMENTO A LA REFORMA EN WORMS

Reuchlin   La ciudad de Spira   Melanchton
La ciudad de Augsburgo   Waldo   Lutero   La ciudad de Magdeburgo
      Federico el Sabio   Savonarola   Huss   Felipe el Magnánimo

tor para ensayar con él sus artificios y el poder
de su elocuencia.

Era crítica la posición en que se hallaba Federico. Por un lado, estaban el emperador, los
príncipes del imperio y el sumo pontífice de la
cristiandad, a cuya autóridad aún no pensaba
sustraerse; por otro, un fraile, un pobre fraile;
pues a él solo era a quien reclamaban. Mas el elector estaba convencido de la injusticia que hacían
a Lutero. Se horrorizaba ante la idea de entre-
gar a un inocente en las manos de sus enemigos.
«La justicia antes que el papa», fué la norma
que adoptó, resuelto a no ceder a Roma.

En medio de esta agitación general, Lutero
no pensaba en ceder. A sus valientes palabras
puso el sello con una acción más valiente aún.
No debía quedarse atrás en esta lucha: lo que
había hecho el papa, iba a hacerlo el fraile: palabra contra palabra, hoguera contra hoguera.
El 10 de Diciembre se fijó en la Universidad de
Wittemberg un aviso para que todos los profesores y estudiantes se encontrasen a las nueve
de la mañana ante la puerta de la Elster. Doctores, estudiantes y pueblo se reunieron, y se diri-
gieron al lugar designado. Lutero iba entre los
primeros. Roma había encendido muchas hogueras para quemar las vidas de los herejes; Lutero
quería emplear el mismo procedimiento, no para
destruir personas, sino para destruir inútiles y
nocivos documentos; para esto sirvió el fuego.
La hoguera estaba preparada; un licenciado la

encendió. Y apenas se levantaron las llamas, el Doctor en Teología Martín Lutero se acercó con su hábito de monje, llevando en sus manos las decretales pontificias, algunos escritos de sus adversarios y la bula papal. Primero, fueron quemadas las decretales; después elevó Lutero la bula sobre su cabeza, y dijo: «Por cuanto has turbado al Santo del Señor (es decir, a Jesucristo, cuya obra de salvación completa negaba la bula), el fuego eterno te turbe y consuma». (Josué, 7, 25), y la echó en las llamas. Esta era, por decirlo así, la señal del incendio y la prueba de que desde aquel momento la separación de Roma era completa.

Al día siguiente, todos los oyentes esperaban una arenga de Lutero. Concluida su explicación, que versó sobre los Salmos, permaneció silencioso algunos instantes, inmediatamente dijo con viveza: «Guardaos de las ordenanzas e instituciones del papa. Yo quemé las decretales, pero esto no fué sino un juego de niños. Ya sería tiempo y más tiempo de que se quemase la silla de Roma con todas sus abominaciones.» Tomando acto continuo un tono más grave, dijo: «Si vosotros no combatís esforzadamente el impío gobierno del papa, no podéis ser salvos. Cualquiera que se complazca en la religión y culto papista, será eternamente perdido en la otra vida. Si se ha desechado la comunión romana, es menester resignarse a soportar con paciencia toda clase de sufrimientos, como también a perder la vida. Pero más vale exponerse a todo esto en este mundo, que callarse. Mientras yo viva, manifestaré a mis hermanos la llaga y la peste de Babilonia, temiendo que muchos de los que están con nosotros sucumban con los demás en el abismo del infierno.»

No se puede imaginar el efecto que produjo sobre la asamblea este discurso, cuya energía nos admira. «Ninguno de nosotros—añade el sincero estudiante que nos lo ha conservado— no siendo un leño sin inteligencia, duda de que esto sea la verdad pura. Es opinión de todos los fieles que el doctor Lutero es un angel del Dios vivo, llamado para administrar el pasto de la Palabra de Dios a las ovejas de Cristo, que por tanto tiempo han permanecido descarriadas.»

Aquel discurso, con el acto que lo coronó, marcan una época importante de la Reforma. La conferencia de Leipzig, había separado interiormente a Lutero del papa; mas el acto de quemar la bula fué una declaración formal de su separación del obispo de Roma y de su Iglesia, y de su adhesión a la Iglesia universal, tal cual fué fundada por los apóstoles de Jesucristo.

Con esta valiente decisión empieza la Reforma, a lo menos en cuanto a sus consecuencias inmediatas, a saber: la formación de una Iglesia propia, independiente del papa. Desde aquel momento era preciso declararse, o en pro de Lutero o contra él; y el que estuviese con él, se entendía que había roto todo lazo con la Iglesia romana.

CAPÍTULO VII

LA DIETA DE WORMS

En el año 1519, a la muerte del emperador Maximiliano, la corona del impero alemán recayó en su nieto el joven rey Carlos I de España, porque el príncipe elector Federico el Sabio, al cual había sido ofrecida antes, la había rehusado. En Febrero de 1521 se reunió una asamblea general de todos los príncipes y representantes de las ciudades en Worms, y esta era la primera Dieta que celebraba el nuevo emperador Carlos.

Apenas rayaba Carlos entonces en los veinte años: aunque pálido y enfermizo, sabía, no obstante, montar a caballo con gallardía, y romper lanzas como cualquier otro; de carácter taciturno, de porte grave, melancólico, aunque expresivo y benévolo, no revelaba aún un espíritu eminente, ni parecía haber adoptado todavía una linea marcada de conducta.

El papa, habiendo experimentado cuán poco podía influir en aquellas circunstancias en la opinión del pueblo alemán por medio de bulas condenatorias o edictos despóticos, trató de ha-

cer callar a Lutero con grandes ofertas; pero esto
fué también en vano. Ahora pidió a la Dieta general del imperio reunida en Worms que le ayu-
dase eficazmente en su lucha contra Lutero. Mas
con toda su elocuencia, el legado papal, Aleandro no pudo conseguir que Lutero fuese condenado sin ser oído, sino que debía con este objeto comparecer ante aquellos príncipes. Verdad
es que bajo la influencia del papa, Carlos V hizo
quemar en los Países Bajos los escritos de Lutero; mas no por esto quería precipitarse; más bien
se inclinaba a un sistema de transacción, que
consistía en agasajar al papa y al elector, y ma-
nifestarse inclinado alternativamente, ya al uno,
ya al otro, según conviniera a sus planes. Uno
de sus ministros, enviado a Roma por asuntos
políticos, llegó justamente allí mientras que el
doctor Eck intentaba con gran ruido la condenación de Lutero. El astuto embajador reconoció al
punto las ventajas que su amo podía sacar del
fraile sajón, y escribió el 12 de Mayo de 1520 al
emperador: «Vuestra Majestad debe ir a Alemania y hacer algún servicio a un tal Martín Lutero
que reside en la corte de Sajonia. Sus predicaciones causan mucho ruido en la corte de Roma.»

En verdad la causa evangélica estaba en un
trance peligrosísimo. No le parecía reservada
otra suerte que la del mismo Jesús; a saber, el
ser vendida por un precio vil e indigno. Mas Dios
ya tenía preparado al que la había de proteger;
el príncipe elector Federico el Sabio había reco-

nocido la verdad por los libros de Lutero, y le era cada día más propicio; por lo tanto, pidió al emperador que no se procediese contra Lutero sin darle ocasión para defenderse.

A su vez, el nuncio romano, Aleandro, hombre muy instruído, elocuente e intrigante, hizo todo lo posible para que no se presentase Lutero a la Dieta.

«No se discutirá con Lutero, decís—exclamó—; pero el poder de ese hombre audaz, sus centelleantes ojos, la elocuencia de sus palabras, el espíritu misterioso de que está animado, ¿no serán bastantes para excitar alguna sedición?» Pronunció ante la Dieta en sesión solemne un dircurso elocuentísimo de tres horas seguidas, combatiendo las doctrinas y la persona de Lutero. Luego trató de excusar y hasta de defender los abusos y vicios de Roma, exaltando la autoridad papal, las santas doctrinas y prácticas de la Iglesia. Pero dió un mal paso con esto. En la primera parte asistieron muchos, y otros fueron impresionados. Mas tan pronto como hubo acabado de defender los abusos y estado actual de la corte pontificia y la Iglesia, se levantó el duque Jorge de Sajonia, el adversario más encarnizado de Lutero, atacando al papa más fuerte aún que el mismo Lutero. Los golpes que descargó fueron tales, que la Dieta, sin tardar, nombró una comisión encargada de recoger y redactar todas las demandas, quejas y proposiciones de Reforma presentadas a la Dieta. Se hallaron ciento y una, que fueron presentadas al emperador. «¡Cuántas almas cristianas se pierden!—dijeron a Carlos V—; ¡Cuántas rapiñas se cometen, de cuántos escándalos está rodeado el Jefe de la cristiandad! Es menester precaver la ruina y el vilipendio de nuestro pueblo. Por esto, unánimemente os suplicamos que ordenéis una reforma general, que la emprendáis y la acabéis.»

Así, pues, todos, sin distinción, reconocieron el mal. El único que expuso a la vez su origen y su remedio fué Lutero. Carlos no podía permanecer insensible a tales demandas. Su mismo confesor le había amenazado con las venganzas del cielo si no reformaba la Iglesia. La opinión de la asamblea y la voz general exigían que compareciese Lutero ante la Dieta. Como consecuencia de todas estas gestiones e impresiones se expidió un edicto del emperador, no al condenado Lutero, como la bula Romana le llamaba, sino al «querido, honrado y piadoso doctor Martín Lutero» para que en el término de veintiún días se presentase en Worms ante el emperador y la Dieta. Carlos V envió además otra carta, en la cual le prometía toda seguridad en el viaje. Lutero tenía necesidad de esto porque la bula condenatoria del papa, que hasta entonces sólo se había anunciado condicionalmente, había sido publicada en definitiva contra Lutero el 3 de Enero de 1521.

Entre las lágrimas de todos los habitantes de

Wittemberg, que ya creían a Lutero perdido y trataban vanamente de disuadirle del viaje, emprendió éste con toda confianza su camino hacia Worms el 2 de Abril de 1521, en compañía de algunos amigos, y del heraldo del imperio, Gaspar Sturm. Del estado de ánimo en que empezó su viaje, da testimonio este cántico tan sublime que elevó en el camino: *Castillo fuerte es nuestro Dios,* componiendo él mismo también la música para entonarlo. Este canto es tan bello y ha tenido tanta importancia en la historia de la Reforma, que bien merece la pena de reproducirlo aquí, aunque muchos de nuestros lectores lo sepan ya de memoria, y lo canten con la misma música de Lutero. La traducción del alemán se ha hecho todo lo exactamente posible; es el cántico de batalla en el nombre de Dios:

Castillo fuerte es nuestro Dios,
defensa y buen escudo.
Con su poder nos librará
en este trance agudo.
Con furia y con afán
acósanos Satán:
por armas deja ver
astucia y gran poder,
cual él no hay en la tierra.

—

Nuestro valor es nada aquí
con él todo es perdido;
mas por nosotros pugnará
de Dios el Escogido.

¿Sabéis quién es? Jesús,
el que venció en la cruz,
Señor de Sabaoth;
y pues El solo es Dios,
El triunfa en la batalla.

—

Aun si están demonios mil
prontos a devorarnos,
no temeremos, porque Dios
sabrá aún prosperarnos;
que muestre su vigor
Satán, y su furor
dañarnos no podrá,
pues condenado es ya
por la Palabra Santa.

—

Sin destruirla dejarán,
aun mal de su grado,
esta Palabra del Señor;
El lucha a nuestro lado.
Que lleven con furor
los bienes, vida, honor,
los hijos, la mujer;
todo ha de perecer;
de Dios el reino queda.

El viaje de Lutero desde Wittemberg a Worms fué un continuado triunfo. En todas partes el pueblo se acercaba a él y rodeaba su carruaje. Hombres ancianos bendecían el día en que el cielo les había concedido la ventura de ver a este monje, que se atrevía a resistir a la tira-

nía de Roma, que los quería libertar de la escla-
vitud papal, y que les anunciaba el sincero
Evangelio. Muchos querían disuadirle de ir a
Worms y le pronosticaron que tendría la misma
suerte fatal que Juan Huss, a quien habían quemado en Constanza. Pero Lutero les contestó:
«Aunque hicieran una hoguera que abrasase
todo el trayecto de Wittemberg a Worms, y se
levantase hasta el cielo, sin embargo, en el
nombre del Señor me presentaría y confesaría a
Cristo, y me confiaría a El en todas cosas.»
Cuando ya estuvo cerca de la ciudad, recibió una
carta de su amigo Spalatin, fechada en Worms,
en la cual le aconsejaba no corriese tan ciego a
tal peligro, y le mandaba que no se presentase.
El inmutable Lutero clavó la mirada sobre el
mensajero, y contestó: «Id y decid a vuestro
amo: Voy adonde me han llamado, y aunque
hubiese en Worms tantos diablos como tejas en
los tejados, aun así entraría.» No habla de este
modo ningún hombre que no tiene firme confianza en la justicia de su causa y que no considera al Señor como su castillo y seguro refugio.

El 16 de Abril, a las diez de la mañana, entró
Lutero en Worms, precedido por el heraldo del
emperador. Una inmensa muchedumbre de todas
las clases del pueblo se apiñaba en torno de su
coche. Hombres, mujeres, ancianos y niños le
saludaron con alegría e indescriptible júbilo.
Durante el día y hasta las altas horas de la noche, fué visitado en su alojamiento por muchos

condes y señores, clérigos y legos. También el conde-duque de Hesse fué a verle, y cuando se despedía de él, le dió la mano, y dijo: «Señor doctor, si tenéis razón, Dios sin duda os ayudará.»

Al día siguiente le condujeron ante la gran asamblea de los diputados del imperio. Era tanta la muchedumbre que quería verle, que muchos se subieron a los tejados con este objeto; para que pudiese penetrar en el local de la asamblea, fué necesario hacerle rodear por jardines y calles poco frecuentadas. Había pasado toda la noche anterior contemplando el bello firmamento con sus estrellas; y orando había luchado con su Dios e implorado su auxilio, como hizo Jacob en Peniel.

En esa noche se le oyó, entre otras cosas, pronunciar estas palabras: «Dios Todopoderoso y eterno: ¡qué cosa tan vil es el mundo! ¡Cómo se abren en él las bocas de los hombres; cuán pequeña es la confianza de los hombres en su Dios! ¡Qué débil y temerosa es la carne, y qué poderoso y activo el diablo con sus apóstoles y sus sabios del mundo! ¡Cuán pronto abandonan las cosas celestiales y corren a su perdición, yendo a los infiernos por el mismo ancho camino que los impíos y la muchedumbre del mundo. Ellos miran solamente lo que es grande y poderoso, magnífico y fuerte ante sus ojos, y lo que tiene apariencias exteriores. Si yo hubiera de imitarlos, pronto me vería abandonado y juzga-

do por el mundo! ¡Dios mío, oh Dios mío; tú
sólo eres Dios, el Dios mío! ¡Ayúdame tú contra
toda la razón y sabiduría del mundo entero! Tú
debes hacerlo, y sólo Tú, porque la causa no es
mía, sino tuya: por mi persona no tengo nada
que ver con ella, ni tampoco con estos hombres
poderosos en el mundo. Porque yo por mi parte
podría tener tranquilos y quietos días en el mundo y vivir sin perturbación. Pero tuya es la causa, Señor, la causa justa y eterna! Ayúdame tú,
¡oh Dios mío!, fiel y eterno. Yo no tengo confianza en ningún hombre. Todo sería en vano, y
nada me aprovecharía. Todo lo que es carne y
confía en carne, es falible y perecedero! ¡Oh
Dios, oh Dios! ¿No me escuchas, mi Dios? ¿Estás muerto? No, no puedes morir; solamente te
escondes de tus criaturas. ¿No me has elegido
para esta causa, según creo saber de cierto? Te
lo pregunto: ¡y si así es, Tú debes dirigir mis
pasos! Porque nunca en mi vida me habría pro-
puesto oponerme a señores tan grandes y poderosos, y nunca lo hubiera pensado. ¡Pues bien,
Dios mío; ayúdame en el nombre de tu Hijo
querido Jesucristo, que ha de ser mi protección
y mi amparo, mi castillo fuerte, mi poder en la
fuerza del Espíritu Santo! Señor, ¿dónde te escondes? ¿Por qué tardas? Tú, Dios mío, ¿dónde
estás? ¡Ven, ven!; ¡yo estoy pronto hasta perder
mi propia vida, paciente como un cordero! Porque justa es la causa y tuya es; y por lo tanto,
no me separaré de ella y de Ti en toda la eter-

nidad. Así lo resuelvo ahora en tu nombre. Porque el mundo nunca podrá constreñir mi conciencia, aunque estuviera lleno de diablos. Y no temo, aunque mi cuerpo, que es obra y criatura de tus manos, fuese en esta empresa destruído o despedazado; porque tu palabra y tu espíritu me quedarán: los enemigos pueden atacar sólo al cuerpo; el alma es tuya, a Ti pertenece y permanece también contigo por toda la eternidad. Amén. Dios mío, ayúdame. Amén.»

Cuando llegó ante la puerta del salón, donde estaba reunida la Dieta, Dios le envió un gran consuelo por boca del famoso capitán Jorge Frunsberg. Este le puso la mano en el hombro y le dijo: «Frailecito, frailecito, ahora empiezas un camino muy difícil, más difícil que el que yo y muchos capitanes han tenido que recorrer en la batalla más sangrienta. Pero si estás convencido de que tu causa es justa, avanza en el nombre de Dios y nada temas. No te abandonará.»

Momentos después, se encontraba nuestro doctor Martín Lutero ante el emperador Carlos y su hermano Fernando; ante seis electores, veintiocho duques, once marqueses, treinta obispos, otros doscientos príncipes y señores y más de cinco mil concurrentes, sin contar los que estaban en la antesala y los que miraban por las ventanas. Nunca se había encontrado en presencia de tanta magnificencia y poder, pero no temblaba.

Su sola presencia allí era ya un triunfo manifiesto, conseguido sobre el papa que le había excomulgado.

Sobre una mesa se hallaban los libros que Lutero había hecho imprimir. Preguntáronle si los había escrito y si quería retractarse de su contenido. Según el consejo de su abogado, Jerónimo Schurff, pidió que antes se leyesen los títulos de sus libros, después contestó a la primera pregunta con un «sí». Respecto a la segunda, Lutero dudó un momento sobre lo que debía contestar. Entonces hubo un movimiento general de ansiedad y emoción; y Lutero, que no quería aparecer como hombre imprudente, pidió que le concediesen un corto tiempo para pensar bien la contestación: «Porque—dijo—en esta pregunta se trata de la Palabra de Dios, de la fe cristiana y de la salvación del alma.»

Esta respuesta, lejos de dar a sospechar alguna vacilación en Lutero, era digna del Reformador, de la alta asamblea y de la gravedad del asunto. Lutero reprime su carácter impetuoso; esta reserva y calma le disponen para responder más tarde con una sabiduría, poder y dignidad que frustrarán las esperanzas de sus adversarios.

Mientras tanto Carlos, impaciente de conocer al hombre cuya palabra revolvía el imperio, no había apartado sus miradas de él. Se volvió hacia uno de sus cortesanos, y dijo con desdén: «Por cierto, no será este hombre el que me haga hereje.» El joven príncipe sólo miró lo que estaba delante de los ojos, el aspecto humilde de

Lutero, y no alcanzó a comprender la grandeza del espíritu que le movía. ¡Ojalá que sus ojos hubieran penetrado más adentro, y la suerte de España y la del mundo habría sido otra!

Después de breves consideraciones, la petición de Lutero fué aceptada por unanimidad, y le fué concedido un día de término. El heraldo le acompañó otra vez a su posada. En el tránsito, el pueblo, al verlo, se entusiasmó en su favor hasta tal punto, que una voz gritó: «¡Feliz la madre que te parió!» Muchos señores de la nobleza fueron a verle a la posada, y dijeron: «Señor doctor, ¿cómo estáis? Se dice que querían quemaros, pero esto no se hará, pues perecerían todos ellos juntos con vos.» Lutero pasó toda la noche en ferviente oración.

Al día siguiente, 18 de Abril, a las cuatro de la tarde, fué el heraldo otra vez a la posada donde paraba Lutero, con el fin de acompañarle a la Dieta; pero no pudieron llegar hasta dos horas después, cuando las luces estaban ya encendidas. Habiéndosele preguntado otra vez si quería retractarse, hizo sobre sus libros tres distinciones. En unos, dijo, había tratado de la fe cristiana y de las buenas obras, tan sencilla y claramente, que hasta sus propios adversarios las declararían dignas y útiles. Si se retractase de lo expuesto en estos libros, condenaría a la misma verdad cristiana. En otros había atacado al papado y a los papistas porque habían destrozado con sus perversas doctrinas y ejemplos la cristiandad

entera en cuerpo y alma, y se habían apoderado
de los bienes de la nación alemana con una tiranía increíble. Si se retractaba de aquello, ensal-
zaría implícitamente la tiranía y las obras impías.
Y finalmente, los libros restantes eran aquellos
que había escrito contra los amigos del despo-
tismo papal. Confesaba que en estos libros había
algunos párrafos demasiado fuertes y de gran
energía; pero tampoco podía retractarse de ellos,
porque las personas aludidas, seguirían entonces
en su mal camino y no se enmendarían: el des-
aprobarlos sería, pues, una defensa tácita de su
mal proceder. *Tengo que decir con el Señor
Jesús: Si he hablado mal, que se me pruebe dónde
está el mal.»* Después se declaró dispuesto a de-
jarse refutar por cualquiera, aun por el más
humilde, con tal que le probasen sus errores por
la Sagrada Escritura. Lutero hablaba en latín lo
mismo que el oficial del arzobispo de Tréveris,
y luego repitió lo dicho en alemán. El canciller
del elector de Tréveris le contestó que no estaban allí para disputar, sino para obtener una
contestación clara y terminante: si quería retractarse, o no.

Entonces Lutero contestó solemnemente:
«Puesto que su Majestad imperial y sus altezas
piden de mí una respuesta sencilla, clara y precisa, voy a darla tal que no tenga ni dientes ni
cuernos, de este modo: El papa y los Concilios
han caído muchas veces en el error y en muchas
contradicciones consigo mismos. Por lo tanto,

El castillo de Wartburg

Estudio de Lutero en el Wartburg

si no me convencen con testimonios sacados de la Sagrada Escritura, o con razones evidentes y claras, de manera que quedase convencido y mi conciencia sujeta a esta palabra de Dios, YO NO QUIERO NI PUEDO RETRACTAR NADA, POR NO SER BUENO NI DIGNO DE UN CRISTIANO OBRAR CONTRA LO QUE DICTA SU CONCIENCIA. HEME AQUÍ; NO PUEDO HACER OTRA COSA; QUE DIOS ME AYUDE. AMÉN.»

Dos heraldos acompañaron a Lutero a su posada donde dijo a Spalatin: «Si mil cabezas tuviese, todas me las dejaría cortar antes que retractar nada.»

La asamblea permanecía atónita; era extraordinaria la impresión que Lutero produjo en este día por su santo valor para confesar su fe ante toda la Dieta del imperio. Muchos príncipes no podían ocultar su admiración; volviendo el emperador de su primera impresión, exclamó en alta voz: «El fraile habla con un corazón intrépido, y con indomable valor.» Los partidarios de Roma se callaron, sintiéndose derrotados. Algunos de los españoles, empleados del emperador, sisearon. El fraile había vencido a los potentados de la tierra. Se había cumplido en él la promesa del Señor. «Si os guían ante príncipes y reyes por mi causa, no penséis cómo o qué habéis de hablar, porque en aquella hora os será dado lo que hayáis de hablar; porque no sois vosotros los que habláis, sino que el Espíritu de vuestro Padre es el que habla en vosotros.» (Mateo 10, 18-20.)

Se había ganado muchas voluntades hasta entre los príncipes, aunque no se atrevían a confesarlo públicamente. El elector Federico estaba lleno de gozo con la conducta de su «fraile Martín», que había hecho una confesión tan valiente y noble ante el emperador y los príncipes: y por la noche dijo a Spalatin: «¡Oh, qué bien y valientemente ha hablado hoy el padre Martín ante el emperador y los Estados del imperio! ¡Sólo que es demasiado atrevido!» El duque Eric de Brunswick, aunque entonces partidario de Roma, le envió un jarro de plata lleno de cerveza de Eimbeck, para que se refrigerase; y Lutero le mandó a decir, dándole las gracias: «Así como el duque Eric se ha acordado hoy de mí, nuestro Señor Jesucristo se acuerde de él en su última hora.» Estas palabras consolaron al piadoso duque en su lecho de muerte, recordando las de Cristo: «Cualquiera que os diere a beber un vaso de agua en mi nombre, porque sois de Cristo, en verdad os digo que no perderá su galardón.» (Marcos 9, 41.)

Pero el joven emperador a quien los papistas habían ya de antemano predispuesto en contra de Lutero, no conservó mucho tiempo la impresión que este le había hecho. Sus miras y móviles eran, en verdad, muy extraños a la religión.

Era inminente la guerra con Francia, y el papa León, ambicioso de engrandecer sus Estados, negociaba a la vez con ambos partidos. A Carlos importaba poco el comprar la amistad del pode-

roso pontífice a precio de Lutero. Hizo informar
al día siguiente a los Estados del imperio que
estaba resuelto a proteger la fe católica y a castigar a Lutero como a un hereje declarado; sin
embargo, el salvoconducto de Carlos V le pre-
servaba por de pronto. Es verdad que el nuncio
del papa y algunos otros señores, con su ancha
conciencia papista, creyeron que no había obli-
gación de cumplir a Lutero la promesa de seguridad, porque era un hereje; y recordaron lo que
se hizo con Juan Huss, al que habían quemado
en Constanza, por cima de lo prometido. Pero
contra tanta perfidia se opuso hasta el corazón del
emperador, quien pronunció estas palabras, dignas de un verdadero príncipe: «Aunque todo el
mundo faltase a la fidelidad y a las promesas,
un emperador alemán no debe hacerlas en vano;
no quiero tener que sonrojarme como el emperador Segismundo.»

Algunos de los príncipes que eran favorables
a la causa de Lutero, el arzobispo Ricardo de
Tréveris, el margrave Joaquín de Brandemburgo
y otros, lograron que se iniciasen algunas conferencias privadas con Lutero, en presencia de
personas doctas y nobles, del duque Jorge de
Sajonia, de los obispos de Augsburgo y de
Brandemburgo, y otros. Por quince días segui-
dos, desde el 18 hasta el 26 de Abril, le moles-
taban amigos y adversarios, desde la mañana
hasta altas horas de la noche, con exhortacio-
nes, negociaciones, consejos y ensayos de re-

conciliación. Estas dos semanas fueron acaso
más graves y difíciles de pasar que los días ante
la Dieta. No había medio alguno que no emplea-
ran; mas no lograron éxito alguno, porque todo
su deseo era que Lutero se retractase, hasta
contra su propia convicción, por amor a la paz
de la Iglesia.

Por fin, el arzobispo de Tréveris citó en su
casa a Lutero y a Spalatin, y ofreció como última proposición un concilio general, al cual Lutero debía sujetarse. Sin duda esta proposición,
que disgustaría mucho a Roma, sería más aceptable para Lutero; porque podían transcurrir
años y años antes de reunirse el concilio, y ganar tiempo era para la Reforma ganarlo todo.
Mas la rectitud de Lutero no podía disimular
lo más mínimo: «Consiento en ello—dijo—, mas
con la condición de que el concilio juzgará según
las Sagradas Escrituras.» Poner esta condición
era rehusar el concilio porque jamás Roma podía
consentirlo. Cuando el arzobispo, con mucha
benevolencia se lo advirtió, pidiéndole que por
la paz de la Iglesia se mostrase más tratable:
«Ilustrísimo señor—le contestó—, puedo soportar-
lo todo, mas no abandonar la Sagrada Escritura.»
He aquí la roca inquebrantable, la eterna Palabra
de Dios, que sostuvo firme a Lutero en medio
de todo un mar bramando contra él.

Cuando vió el arzobispo que era imposible
lograr de Lutero que se retractase, le preguntó:
«Pues, mi señor doctor, ¿qué es entonces lo que

debemos hacer?» A lo cual contestó Lutero:
«Eminente señor: no conozco ahora mejor respuesta que la que dió Gamaliel en los Hechos
de los Apóstoles: *Si el consejo o la causa es de los*
hombres, perecerá; pero si es de Dios, no podréis
ahogarla. De la misma manera, si mi causa no es
de Dios, no durará más que dos o tres años;
pero si es, en verdad, obra de Dios, no podréis
ahogarla.» Esa profecía, por cierto, no ha dejado
de cumplirse.

Por fin, según su deseo se le permitió salir de
Worms, y partió de allí el 26 de Abril.

CAPÍTULO VIII

En 26 de Mayo apareció el edicto del emperador, llamado *Edicto de Worms,* el cual ponía a
Lutero fuera de la ley, de modo que cualquiera
podia matarle impunemente, y ninguno debía
protegerle. Todos sus partidarios y adictos eran
amenazados con igual suerte. Además, se orde-
naba que cualquiera que le cogiese le entregase,
y que todos sus libros fuesen destruídos. Este
edicto fué inspirado por el más cruel adversario
de Lutero: el legado papal Aleandro, que había
dicho, lleno de furia y enojo: «Aunque vosotros,
alemanes, queráis libertaros del yugo de Roma,
nosotros procuraremos que os destrocéis entre
vosotros mismos hasta perecer ahogados en
vuestra propia sangre.» El edicto llevaba la fecha
de 8 de Mayo, fecha retrasada y puesta con toda
malicia para que apareciese obligatoria en todos
los Estados del imperio, mientras que la mayor
parte de los príncipes, que ya habían salido antes
del 26, ignoraban todo esto. Por lo tanto, era
un edicto ilegal. Y cuando fué conocido, no ob-

tuvo mucha aceptación en Alemania por estar redactado enteramente en el espíritu romano, tan en contradicción con el espíritu de la nación alemana. Sin embargo, Lutero hubiese sido tal vez víctima de esta tormenta, si el Señor no le hubiese guardado velando sobre él.

El elector Federico el Sabio le quería proteger de la persecución de sus enemigos, y eligió el medio que creyó más a propósito, mandando que algunos caballeros enmascarados sorprendiesen a Lutero y le hicieran prisionero en las cercanías de Eisenach, cuando volvía de Worms, de regreso a Wittemberg. Así se hizo, y el elector lo hizo guardar en la inmediata fortaleza de Wartburg.

En este castillo, que Lutero llamaba su Patmos, residió en tranquila oscuridad cerca de un año, fuera del alcance de sus enemigos, y bajo el nombre supuesto del caballero Jorge. Se vistió como un hidalgo, dejó crecer su cabello y barba, corría por los bosques, buscaba fresas y gustaba también del placer agridulce de los grandes señores: la caza. Pero a pesar de estas distracciones, absorbían su mente los pensamientos teológicos. Por un lado la soledad, y por otro los alimentos fuertes y suculentos que le daban, le ocasionaron muchas molestias de cuerpo y aflicciones de alma, que achacó a Satanás, pero contra las cuales luchaba con fortaleza.

Por algún tiempo nadie supo qué había sido de Lutero, de manera que sus amigos llegaron a

quejarse de su ausencia, y sus enemigos clamaban llenos de júbilo. Pero no tardó en desaparecer la tristeza de los suyos, y nuevo terror cayó
sobre sus enemigos, porque pronto dió señales
de vida.

En el castillo de Wartburg no se dió un momento de reposo; lleno de entusiasmo, como
siempre, esparció nuevos escritos por el mundo.
Sacó a luz un librito de la «confesión», un tratado de los votos espirituales y de los votos mo-
násticos, una explicación de algunos salmos, y
el principio de un libro de sermones para todo
el año. Es digno de mención especialmente un
libro muy enérgico, que escribió contra el elector Alberto de Maguncia, en el cual se ve que
Lutero sabía lo que debía hacer, y la influencia
que ejercía. Porque este príncipe había vendido
otra vez indulgencias en Halle, haciendo caso
omiso de lo sucedido anteriormente. Lutero, sin
cuidarse del misterio en que hasta entonces había permanecido, y de su lugar de refugio, pidió
al arzobispo que hiciese desaparecer ese tráfico
indigno. Y cuando vió que ésta no tenía éxito,
escribió un tratado muy fuerte *contra el nuevo
ídolo de Halle,* aunque la impresión de este escrito encontró dificultades en Wittemberg. Después
dirigió otra carta a Alberto, en la cual le amo-
nestaba, no ya como un fraile prisionero, sino
como un siervo de Dios, llamado por el Rey de
su Iglesia, Jesucristo, como ministro valiente del
Evangelio, a que retirase las indulgencias; y le

decía: «Su Alteza ha vuelto a colocar el ídolo que roba a los pobres cristianos dinero y alma. Acaso S. A. piensa ahora que está seguro de mí, por creerme desterrado y anulado por S. M. I.; mas yo cumpliré con el deber del amor cristiano, sin hacer caso del papa, ni obispos, ni del mismo infierno. No se eche en olvido aquello del terrible fuego que procedió de una chispa despreciada, que nadie temía; mas Dios ha fallado su sentencia y El vive aún; que nadie lo dude. El tiene un placer especial en quebrantar los altos cedros y humillar los Faraones endurecidos.» Al concluir, le fija el término de quince días para la suspensión de las indulgencias. El elector se humilló ante esta poderosa filípica del proscrito fraile, y le contestó dándole muchísimas disculpas y excusas. Sea que lo hiciese movido por su conciencia o por temor, de todos modos, este resultado pone de manifiesto cuán superiores son los verdaderos siervos de Dios a toda grandeza humana. Lutero, solitario, proscrito, prisionero, posee en su fe fuerza y ánimo invencibles. El arzobispo, elector y cardenal tiembla ante él, a pesar de todo su poder y fama. Aquí tenemos la clave de los singulares enigmas que ofrece la historia de la Reforma.

Pero el trabajo más importante, la obra inmortal, que Lutero concluyó en el castillo de Wartburg, fué la traducción del Nuevo Testamento en lengua alemana. No hay necesidad de encarecer el beneficio que Lutero dispensó a toda

una nación, haciendo que todos, viejos o jóve
nes, pobres o ricos, pudiesen escuchar la santa
Palabra de Dios en la iglesia y en las escuelas,
y leerla en casa. Mas no es una sola nación la
que debe a Lutero la Palabra de Dios; sino que
con este hecho quebrantó para siempre las cadenas y barreras en que Roma había aprisionado y
encerrado la Palabra divina, devolviendo a todo
el mundo el tesoro más precioso: el pan de vida
eterna. En todos los países y lenguas brotaron
las ediciones de la Biblia como las hierbas y
flores al principiar la primavera. Desde entonces
ha sido imposible, y lo será para siempre, el
robar a la humanidad esta palabra eterna: el
Evangelio de salvación (1). ¡Debemos dar las
gracias al Señor por estos beneficios todos los
que tenemos y conocemos su Palabra!

Para que la Reforma extirpase enteramente el
poder del papado romano y sus errores, era necesario que el pueblo fuese otra vez conducido
a la fuente primitiva y pura de la verdad y de la
salvación. El pueblo debía conocer por sí mismo
y ver con sus propios ojos que los sacerdotes
no le habían dado a beber el agua pura de la
Palabra de Dios, sino el agua estancada de las
tradiciones humanas. Era preciso que todo el
pueblo pudiera tener la Biblia en su mano. Por-

---

(1) Actualmente, la Biblia, entera, o en parte, se encuentra traducida en más de 450 idiomas y dialectos.

que la Sagrada Escritura es la única regla y norma de nuestra fe, así como la sangre y la justicia de Jesucristo son el único ornamento y vestido del cristiano. El que añade tradiciones humanas a la Palabra de Dios, y el que mezcla la justicia completa de Dios con la justicia humana, destruye los dos pilares fundamentales de la doctrina cristiana. Y eso precisamente es lo que hace Roma, y lo que la Reforma se encargó de remediar.

Es verdad que ya antes del tiempo de Lutero había algunas traducciones de la Biblia en lengua vulgar; pero estaban tan llenas de errores, y su estilo se adaptaba tan poco al lenguaje del pueblo, que no habían encontrado aceptación. Lutero había ya traducido algunos pasajes de la Sagrada Escritura, empezando por los siete salmos que tratan del arrepentimiento. Sus traducciones habían sido leídas con interés, pero se deseaba que publicase más. Lutero conoció en esto la voz de Dios que le encargaba tal trabajo, y puso manos a la obra.

«Este libro solo—dice—debe llenar las manos, lenguas, ojos, oídos y corazones de todos los hombres. La Biblia sin comentarios es el sol que por sí solo da luz a todos los profesores y pastores.»

En el castillo de Wartburg Lutero tradujo solamente el Nuevo Testamento, que después de su vuelta a Wittemberg corrigió con ayuda de Melanchton, e hizo imprimir en el año 1522. En

21 de Septiembre apareció la primera edición completa, tres mil ejemplares, con el sencillo título de *El Nuevo Testamento, en alemán. Wittemberg.* Ningún nombre de hombre se añadió. Desde aquel momento cualquier alemán podía comprar la Palabra de Dios por tres pesetas. El éxito de este trabajo sobrepujó todas las esperanzas. En poco tiempo se agotó completamente la primera edición, y fué preciso que la segunda apareciese ya en Diciembre. En el año 1533 existían ya cincuenta y ocho diferentes ediciones del Nuevo Testamento traducido por Lutero. «Todos los que conocían el alemán, nobles y plebeyos, los artesanos, las mujeres, todos leían el Nuevo Testamento con el más ferviente deseo —dice un católico contemporáneo de la Reforma, Cochleus—. Lo llevaban consigo a todas partes; lo aprendían de memoria; y hasta gente sin gran instrucción se atrevía, fundando en las Sagradas Escrituras su conocimiento, a disputar acerca de la fe y del Evangelio con sacerdotes y frailes, y hasta con profesores públicos y doctores en teología.»

Nada más natural que los adversarios persiguiesen encarnizadamente esta nueva obra de Lutero, porque era la más importante de cuantas había escrito. Con ella emancipó la Reforma de la autoridad del hombre y de sí mismo, fundándola en los cimientos eternos de la palabra divina escrita, dando a cada cristiano el poder de reconocer por sí mismo los errores de Roma, y

examinar las nuevas doctrinas de la salvación
por la fe. Esta pluma que tradujo los sagrados
textos era seguramente aquella que vió el elector
Federico en sueños, que se extendía hasta las
siete colinas y hacía estremecerse la corona del
papa. El monje en su celda y el príncipe en su
trono dieron gritos de ira y de cólera; los sacerdotes ignorantes temblaban al pensar que ahora
cualquier hombre podía disputar con ellos sobre
la doctrina de Jesús.

Hasta el rey Enrique VIII de Inglaterra presentó una acusación contra aquel libro al elector
Federico y al duque Jorge de Sajonia. Resultado
de esto, Jorge mandó que todos los ejemplares
del Nuevo Testamento fueran entregados a las
autoridades. La Suabia, la Baviera, el Austria,
todos los Estados inclinados a Roma, hacían lo
mismo. En muchas partes fué quemada la Biblia
en público. Roma restableció de esta manera en
el siglo XVI los crímenes paganos, porque no
otra cosa habían hecho los antiguos emperadores romanos con la religión cristiana. Y ¿quién
no sabe que hoy día continúa aún el mismo procedimiento? Mas con todo esto no impidió los
progresos y la propagación del Evangelio; éste
reformó toda la sociedad; la cristiandad empezó
a ser otra; allí donde se leía la Biblia, entre las fa-
milias, producía otras costumbres, nuevos modales, otra conversacion renovaba toda la vida. Al
publicar el Nuevo Testamento, la Reforma salió
de los colegios y entró en los hogares del pueblo.

Una vez impreso el Nuevo Testamento, poco
a poco siguieron también los libros del Antiguo,
traduciéndolos Lutero, con ayuda de sus amigos
Melanchton, Bugenhagen y otros. En el año
1534 fué impresa por segunda vez la Sagrada
Escritura. ¡Mas cuánto trabajo y sudor les costó
la obra! Lutero mismo dice: «Algunas veces nos
ha sucedido que durante quince días, y aun tres o
cuatro semanas, hemos buscado una sola palabra,
e inquirido su verdadero sentido, y tal vez no lo
hemos encontrado. Como ahora está en alemán
y en lengua fácil, cualquiera puede leer y entender la Biblia, y recorrer pronto con sus ojos tres
o cuatro hojas, sin apercibirse de las piedras y
tropiezos que antes había en el camino.» Pero
también respecto a la ciencia lingüística esta
traducción ha dado a la nación alemana un tesoro riquísimo, que el juicio de tres siglos ha con-
sagrado.

A su vez, Melanchton publicó los *Loci commu-
nes theologici,* o sea principios fundamentales de
teología, y dió con esto a la Europa cristiana un
sistema de doctrina, cuyo fundamento era sólido
y cuya construcción asombraba. La traducción
del Nuevo Testamento justificó la Reforma ante
el pueblo; la obra de Melanchton, ante los sabios. El lenguaje de ésta, lejos del pedantismo
escolástico, era vivo, interesante y evidente,
fundándose enteramente en la Biblia. La Iglesia
no había visto obra igual hacía diez siglos. «Por
cierto—dijo Calvino, cuando más tarde lo tradu-

jo al francés—, la mayor sencillez es la primera ventaja para la demostración de la doctrina cristiana.» Lutero admiró esta obra toda su vida; las notas sueltas que él hasta entonces había hecho sonar, aquí se concertaban, formando una armonía deliciosa. Aconsejó a todos los teólogos que leyesen el Melanchton. Muchos adversarios de la Reforma, heridos por el lenguaje violento de Lutero, fueron atraídos por lo suave y sencillo del estilo, y convencidos por lo lógico y claro de las demostraciones. Después de la Biblia no hay otro libro que tanto haya contribuido a restablecer la doctrina del Evangelio.

CAPÍTULO IX

Pero ya es tiempo que volvamos a Lutero, prisionero en el castillo de Wartburg, el cual era para él cada día más un «castillo de espera», que es lo que significa la palabra alemana. El esperaba y velaba allí como guardia fiel de la Iglesia, según nos lo testifican sus trabajos de que hemos hablado; pero también esperaba con todo su corazón la hora de abandonar aquella prisión voluntaria; y pronto debía llegar esta hora, aunque la causa de ello no fué la más agradable.

Hasta ahora el movimiento de la Reforma se había concretado principalmente a la modificación de la doctrina; pero no había empezado la extirpación de los abusos y grandes errores. Mas mientras Lutero estuvo oculto, otros empezaron estos ensayos de una reforma exterior. Sus hermanos en la orden, los frailes agustinos, entre los cuales los más jóvenes eran especialmente adictos a la doctrina de Lutero, resolvieron, en una asamblea de Wittemberg, suprimir la misa privada y abrir los conventos. Lutero a quien habían preguntado antes, les dió su parecer sin reserva. Esta cuestión le había causado a él mismo poco antes muchas inquietudes y dudas. Estaba convencido de que los curas debían tener libertad para casarse, porque sólo así podían recobrar la consideración y respeto en el pueblo, evitar mil tentaciones y llegar a ser verdaderos pastores de su grey. El casamiento de los curas no suprimía los curatos, sino que los restablecía. Pero era diferente el caso de los frailes; cuando ellos se casaran, los conventos por fuerza debían desaparecer. «Los curas—dijo Lutero—son instituidos por Dios y, por lo tanto, libres de preceptos humanos; mas los frailes han escogido voluntariamente su estado y, por consiguiente, no pueden librarse del yugo que se han impuesto a sí mismos». Así lucha en su conciencia la verdad con el error. Por fin rendido, se puso de rodillas, y exclamó: «Señor Jesús: instrúyenos tú y líbranos por tu misericordia para nuestra libertad, porque somos tu pueblo.»

No le faltó la contestación a su plegaria. La misma doctrina de la justificación por la fe le abrió otra vez el paso. «Mientras que este artículo—escribe él—quede en pie, nadie se hará fácilmente fraile; todo lo que no proceda de fe es pecado. (Romanos 14, 23.) Por tanto, el voto de castidad, pobreza, obediencia y cosas por el estilo, hecho sin fe, es impío y perjudicial; tales eclesiásticos no valen más que las sacerdotisas de Vesta y otras del paganismo, que hacían su

voto a fin de lograr por él justicia y bienaventu-
ranza; lo que sólo y únicamente debían atribuir
a la misericordia de Dios, lo atribuyen a sus
obras. No hay más que un solo estado eclesiástico que es sagrado y santifica, a saber: el cristianismo y la fe.› Es notable el camino por el que
Lutero llegó a este resultado; procediendo y
partiendo siempre de la base y centro del cristianismo, o sea la salvación gratuita por Jesucristo
sin mérito nuestro, sabe resolver todas las dificultades y problemas.

Esta lucha interior demuestra cuán lejos estaba Lutero de ser innovador, y echa por tierra los
vituperios y calumnias que se le levantan en todas partes al afirmar que emprendió la Reforma
con el fin de satisfacer sus apetitos o deseos de
poder casarse y abandonar su convento. Al contrario, era aficionado al celibato por lo que res-
pecta a su persona, y aun después de haber
reconocido que el celibato obligatorio se opone
a la Palabra de Dios, él por su parte permaneció
soltero algunos años, continuó viviendo en el
convento y conservó hasta el hábito de fraile.
En este mismo espíritu, de una templanza desin-
teresada redactó la contestación a las preguntas
de sus hermanos en la misma orden. Se alegraba
de su reciente conocimiento cristiano, pero al
mismo tiempo se apresuró a amonestarles con
energía, poniendo como fundamento el principio
de que la Reforma no debía empezar por abrogar
las cosas exteriores, por ejemplo, la misa y las

imágenes en las iglesias y otras cosas, sino que
debía empezar con lo interior; con la conversión
de los corazones por la predicación pura del
Evangelio. «Tan pronto—dijo—como la doctrina de la justificación del pobre pecador ante
Dios por gracia, y sin mérito de las obras, sea
bien conocida y verdaderamente creída, las
antiguas ceremonias y obras que son contra la
Escritura, y con las que se piensa merecer ante
Dios la justicia, caerán por sí mismas.»

Asímismo Melanchton, cuando le consultaron
acerca de la misa, examinó la cuestión muy de-
tenidamente, y la respuesta que dió prueba la
firme convicción que había adquirido. «Como el
mirar a una cruz no es en sí obra buena, sino
por el recuerdo de la muerte de Cristo, así la
participación en la Cena del Señor no es obra
meritoria, sino que es como una señal que nos
recuerda la gracia dada por Cristo. Es verdad
que los símbolos inventados por hombres sólo
pueden recordar lo que significan; mientras que
las señales instituídas por Dios, no sólo recuer-
dan una cosa, sino que prueban la voluntad de
Dios en el corazón. Sin embargo, así como la
mirada a la cruz no justifica ni es sacrificio por
pecados, tampoco la misa ni justifica ni es sacrificio; sólo hay un sacrificio, una sola satisfacción:
Jesucristo mismo; fuera de él no hay justificación.» En cuanto a la práctica, también aconsejaba un progreso lento y gradual para no turbar
los ánimos.

Pero no pensaba así Carlostadio, del que ya hemos hablado en la controversia de Leipzig. Este no estaba exento de cierto fanatismo; y tal vez efecto de la ambición, pensaba ponerse él mismo a la cabeza de la Reforma. Entre el pueblo especialmente había ganado bastante partido, y cuando se sintió con bastante influencia, no solamente dió la Santa Cena en la Capilla del castillo de Wittemberg, en la fiesta de Navidad de 1521, con pan y vino, sin previa confesión y en la lengua alemana, sino que promovió en la calle algunos tumultos. Con el pueblo fanatizado y con los estudiantes entró en la mencionada iglesia, destruyó las imágenes, quitó los altares e impidió a los otros sacerdotes decir misa. El carácter de Carlostadio, que no era de los más prudentes, fué más excitado todavía por algunos fanáticos que vinieron a fines de 1521 de Zwickau a Wittemberg, bajo el nombre de *los nuevos profetas*.

El más conocido entre ellos era el que después fué el capitán de los campesinos rebeldes, Tomás Münzer. Estos hombres profetizaban, según decían, impulsados por el Espíritu Santo, acontecimientos maravillosos; desechaban el bautismo de los niños, y querían una revolución total y violenta de todas las cosas y estados. Declararon iguales a todos los hombres; anunciaron un nuevo reino de Dios, y querían suprimir de una vez escuelas, libros, ciencias, magistrados y, en fin, todo cuanto hasta entonces había existido. El tímido y manso Melanchton y su colega Amsdorf no se atrevieron a oponerse formalmente a estos hombres, pensando que tal vez Dios quería obrar alguna cosa extraordinaria por ellos. Lutero, a quien se escribió acerca de estas cosas, contestó a Melanchton inmediatamente con decisión y claridad; le reprendió por no haber escudriñado los espíritus, y no haber exigido de esta gente que probasen las supuestas relaciones superiores por señales y pruebas que pudieran considerarse como divinas. Sin embargo, quería asegurar para ellos la misma libertad que exigía para su opinión: «que el elector no los ponga en prisión ni manche sus manos con su sangre.» Sólo con la palabra y el poder del Espíritu quiso vencerlos. Lutero superó, como se ve, en cuanto a la tolerancia religiosa, a todos sus contemporáneos y hasta a algunos de sus colegas en la Reforma. Pero la inquietud y el tumulto crecían en Wittemberg de día en día, y era inminente el peligro de que aquellos fanáticos ganasen allí los ánimos.

El elector Federico era tan bueno, que no pudo determinarse a adoptar medidas severas. Creció el mal sin que ninguno lo impidiera. La Reforma estaba al borde del precipicio. Este enemigo era más peligroso que el mismo papa y el emperador. Todos en Wittemberg clamaban por Lutero: los vecinos lo deseaban, los profesores querían recibir su consejo, los mismos profetas falsos apelaban a él. Apenas podemos

figurarnos lo que pasó en la mente de Lutero;
jamás había sufrido tales penas. Toda la Alemania echaba la culpa a la Reforma. ¿Dónde iría a
parar esto? Sólo con la oración venció estas
angustias. «Dios ha principiado la obra, Dios la
consumará. Me prosterno —dice—ante su gracia,
suplicándole que su nombre quede sobre su obra.
Si algo inmundo se ha mezclado, no olvidará
que yo soy pecador.» Mas le fué imposible guardar la reserva por más tiempo.

Conoció que estos tumultos pedían su presencia personal en Wittemberg, antes que sobre-
viniese a la obra de la Reforma un daño irrepa-
rable, y por lo tanto, dejó el 8 de Marzo de 1522
el castillo de Wartburg, sin el conocimiento y
permiso del tímido elector, porque temía que
éste, que quería tener escondido algún tiempo
más a Lutero, a causa del destierro a que estaba
condenado, no le consentiría la marcha. Pero
Lutero sabía bien quién le protegería de todos
los enemigos, y que teniendo refugio en Dios
Todopoderoso, podía ir sin temor al peligro y a
la tempestad. En el camino escribió al príncipe
elector una carta llena de plena confianza en
Dios: «Por amor a Vuestra Alteza he sufrido
estar encerrado por todo este año; pero ahora
debo dejar aquel lugar, obligado por mi propia
conciencia; porque si yo permaneciese algún
tiempo más, el Evangelio sufriría y padecería, y
el diablo se pondría en su lugar, aun cuando yo
no cediese más que un palmo. Por lo tanto,

debo marchar, aunque por nueve días no lloviese del cielo más que duques Jorges (el duque Jorge era ahora uno de sus enemigos más poderosos y terribles), y cada uno de ellos nueve veces más furioso que éste. Yo no quiero pedir la protección de Vuestra Alteza. Yo voy a Wittemberg con una protección mucho más alta que la del elector. Sí, yo creo que más bien podría yo proteger a Vuestra Alteza que Vuestra Alteza a mí. Porque el que tiene mayor confianza en Dios, será más protegido. En este asunto no debe ni puede la espada hacer cosa alguna para ayudar. Dios solo debe obrar aquí sin cuidado ni asistencia de hombres. Y porque Vuestra Alteza una vez me ha preguntado sobre lo que debía hacer en estas cosas, pensando que Vuestra Alteza ha hecho demasiado poco, yo contesto con toda humildad: Vuestra Alteza ha hecho demasiado y no debió hacer nada. Dios quiere que se le deje hacer en estas cosas, y Vuestra Alteza debe tener esto en cuenta. Y como yo no quiero seguir los consejos de Vuestra Alteza y quedarme aquí, Vuestra Alteza queda sin responsabilidad ante Dios, y sin culpa en el caso de que me cogiesen o matasen. Y en cuanto a los hombres, Vuestra Alteza ha de ser obediente a los que Dios ha puesto sobre vos; según las leyes del reino, la majestad imperial ha de ordenar, y Vuestra Alteza no debe resistir ni oponerse, si quieren cogerme o matarme. Porque esto sería rebelión contra Dios. Cristo no me ha enseñado a ser cristiano perjudicando a otros. Yo tengo que tratar con otra persona que con el duque Jorge; él me conoce a mí y yo le conozco también bastante. Si Vuestra Alteza tuviese suficiente fe, por cierto que vería la gloria de Dios. Pero como no cree nada, tampoco ha visto nada. A Dios sea gloria y alabanza y amor por toda la eternidad. Amén.»

Apenas llegó Lutero a Wittemberg, predicó durante ocho días consecutivos contra los fanáticos que habían destruído las imágenes y querían en sus cerebros exaltados renovar el mundo. La gente se apiñaba para escuchar su palabra. Su lenguaje era sencillo, suave y poderoso; se conducía como un padre que a su vuelta pregunta a los niños por su conducta; reconoció con gusto sus progresos en la fe, y continuó: «Mas no sólo la fe hace falta, sino también el amor. Si uno lleva una espada, debe manejarla de tal modo que no haga daño a sus compañeros. Ved cómo trata la madre a su niño; primero le da leche, luego papilla. Si en seguida le diera carne, vino y comida fuerte, no le haría provecho; portémonos así nosotros con el hermano flaco. Decís que la Biblia os enseña a suprimir la misa. yo digo lo mismo; mas, ¿dónde está el orden? Lo habéis hecho alborotada y desordenadamente para escándalo del prójimo, mientras que antes debíais haber orado y consultado con los superiores; entonces se podía ver que era obra de Dios. Primeró debemos ganar el corazón de los hombres, esto se logra predicando el Evangelio; la semilla cae en el corazón y obra allí. Así se convence el hombre, y deja la misa. Mañana viene otro, y pasa lo mismo; así Dios con su Palabra obra más que yo y vosotros y todos juntos con la fuerza. Pablo, cuando entró en Atenas, vió muchos altares e ídolos; mas no tocó ni destrozó ninguno, sino que se puso en la plaza, predicó el Evangelio y probó que aquellas cosas eran supersticiones. Cuando la Palabra ganó sus corazones, los ídolos cayeron por sí mismos.»

Así habló Lutero el domingo; también predicó el martes; el miércoles volvió a resonar su poderosa voz, el jueves, viernes, sábado y domingo, habló de los ayunos, de la Santa Cena, la restitución del cáliz, la derogación de la confesión, ora con tierno cariño, ora con santa gravedad. Atacó vivamente a los que con ligereza participaban de la Santa Cena. «La participación exterior no vale nada; sólo la interior espiritual que se verifica mediante la fe, es a saber, cuando creamos firmemente que Cristo, Hijo de Dios, está en nuestro lugar y toma todas nuestras maldades sobre sí. Es la satisfacción eterna por nuestro pecado y la reconciliación con Dios el Padre; este pan es consuelo de los afligidos, medicina de los enfermos, vida de moribundos, comida de hambrientos, rico tesoro de pobres.»

Los sermones de Lutero son modelos de elo-

cuencia religiosa y popular. Más fácil es fanati-
zar y turbar la gente que apaciguar la fanatizada.
Pero Lutero logró esto último. En sus sermones
no pronunció palabra injuriosa contra los autores de los tumultos; cuanto más se atemperó a
este modo de proceder, tanta más eficacia tenía
la verdad. Ni aún en Worms se había mostrado
más grande. El que no temía el cadalso, podía
amonestar que se sujetasen a la autoridad; el
que despreciaba toda persecución humana podía
exigir la obediencia hacia Dios. Así era que sus
discursos, llenos de claridad, de poder y de
mansedumbre, ayudados por la impresión pode-
rosísima de su personalidad, tuvieron el éxito
más completo. Los ánimos se calmaron, las
ideas confusas se aclararon, y pronto echó fuera
de las puertas de Wittemberg a todos aquellos
fanáticos con la influencia de su predicación.

Así se salvó la Reforma. Una vez para siempre
había demostrado la inmensa diferencia que
existe entre reforma y revolución; entre la libertad cristiana sujeta a la Palabra de Dios, y el fanatismo que traspasa los límites para sujetarlo
todo a su albedrío. Para todos los tiempos dió
el ejemplo de cómo la verdad tiene que luchar
contra el error, y vencerle por su propio poder,
por la libre convicción.

Terminada esta crisis, la Reforma pudo des-
envolverse con más tranquilidad exterior de lo
que pudo esperarse en un principio. Los edictos
de Worms llegaron a ser ejecutados sólo en

una pequeña parte de Alemania. El papa León X, que había excomulgado a Lutero, murió. El emperador Carlos V tuvo que volver a España por rebeliones que en ésta habían estallado. Además, penetraron los turcos en Hungría y el representante de Carlos, su hermano Fernando, trató de ganarse la buena voluntad de los Estados alemanes para que le ayudasen contra ellos, dejándoles más libertad en la cuestión religiosa, y muchísimos aprovecharon esta ocasión para introducir la Reforma en sus dominios. De este modo, la Reforma, que hasta la Dieta de Worms fué obra personal, por decirlo así, de Lutero, tomó desde entonces carácter público y fué representada por los Estados mismos. Esto era lo que Lutero deseaba, aunque no pareciese favorable para su propia autoridad y gloria, porque tenía por lema aquella palabra célebre de Juan Bautista: «El debe crecer y yo menguar.»

CAPÍTULO X

En los ocho años siguientes, es decir, hasta la
Dieta de Augsburgo, en la cual los príncipes y
municipios favorables a la Reforma se agruparon
alrededor de aquella magnífica confesión de fe
que hizo célebre el nombre de dicha ciudad, tenemos que considerar la vida y actividad de Lutero bajo tres aspectos: 1.º Su relación con los
movimientos religioso-políticos, cuyo jefe fué
Tomás Münzer. 2.º Sus disputas con otras personas especialmente con los reformadores sui-
zos; y 3.º Su continuo trabajo en la obra de la
Reforma y en su ministerio.

Episodio muy triste fué la llamada guerra de
los campesinos, de la cual se ha querido culpar
a la Reforma, aunque sin razón, pues ya en el
año 1491 los campesinos se habían rebelado en
los Países Bajos; en 1503, en las cercanías de
Suiza; en 1513 y 1514, en el Sur de Alemania, y
en 1515, en Carintia y Hungria. Estas rebeliones
fueron originadas en su mayor parte por las

inauditas opresiones que sufrían los pobres labradores de parte de los príncipes, nobles y clérigos, a lo cual se unía la agitación que la Reforma había llevado a todas las clases de la sociedad. Las nuevas doctrinas de libertad que Lutero y sus amigos entendían espiritualmente, los campesinos las tomaron en sentido político o *carnal* según la expresión de Lutero y los esfuerzos por reformar y renovar las condiciones actuales, en vez de ser dirigidos por hombres prudentes y sabios hacia el bien, fueron dirigidos por gente apasionada y malvada de una manera violenta y perversa. La doctrina de Lutero sobre la libertad cristiana pareció a muchos probar el derecho de rebelión. Es verdad que Lutero ya desde Wartburg había enviado una ‹Amonestación a tódos los cristianos para evitar rebeliones y alborotos›; pero la gente estaba ya demasiado agitada, y el escrito produjo poco efecto.

Los primeros alborotos tuvieron lugar entre los aldeanos suabos del lago de Constanza en el año 1524, porque el Abad de Reichenau les negó predicadores protestantes. El fuego se comunicó pronto a otras partes de Suabia. Se trató de calmar los ánimos agitados, prometiendo varias concesiones; pero algunas veces los pactos hechos no se cumplierón; los presos eran ejecutados, y con esto se atizaba más y más la llama de la rebelión.

En el año de 1525 los aldeanos se sublevaron

en masa en Suabia, Alsacia, Lorena hasta Turingia, en todo el Sur y centro de Alemania, tratando de hacer valer sus derechos, legítimos o pretendidos, por la fuerza, el pillaje y la matanza. Sus pretensiones principales eran: Libre elección de los predicadores; abolición completa de la servidumbre hereditaria y del diezmo; libre caza y pesca; disminución de los trabajos personales y de las multas, y otras semejantes.

Lutero, a quien los aldeanos habían nombrado por árbitro, publicó una amonestación dirigida a los príncipes y señores, especialmente a los obcecados obispos, curas y frailes, recordándoles que toda su rabia era impotente para acabar con el Evangelio, y que la tiranía de ellos era la que había provocado la revuelta. Debían mirar el suceso como castigo de Dios, y convertirse de buena voluntad. «Si os dejáis aconsejar, señores míos—dice—, ceded un poquito vuestra ira, por Dios. Debíais dejar el enojo, la terquedad y la tiranía, y tratar a los labradores con razones como a engañados.»

Con no menor dureza habló después a los labradores. «¿Sabéis—les dice—cómo he logrado yo que mi predicación haya tenido tanto más éxito, cuanto más el papa y el diablo se han enfurecido? Nunca saqué la espada, nunca quise venganza. No hice alborotos ni revueltas; al contrario, defendí cuanto podía el poder y respeto a la autoridad humana, aun a la que me perseguía a mí mismo y al Evangelio. Toda la causa la puse en las manos de Dios, y me confié siempre resueltamente en su brazo. Ahora vosotros me turbáis; queréis prestar socorro al Evangelio, y no sabéis que así le perjudicáis y oprimís terriblemente. Por esto, vuelvo a deciros, yo abandono vuestra causa, por buena y justa que sea. El cristiano no puede consentir tales empresas, sino disuadiros cuanto pueda, tanto de palabra como por escrito, mientras palpite una sola vena en su cuerpo; porque los cristianos no pelean con la espada, sino con la cruz y la paciencia, como Jesucristo, que no llevó espada sino que murió crucificado.»

De la misma manera, Melanchton se declaró desde el principio contra los campesinos, aunque también amonestó a los príncipes y nobles. Ambos reformadores deseaban un arreglo pacífico, pero no lo consiguieron; de un lado, la autoridad no procedía con sinceridad, y de otro, los campesinos se enfurecían más y más en su fanatismo. El más ilustrado, pero a la vez más furioso de todos ellos, era Tomás Münzer. Antes había estado en Wittemberg, y reprendido severamente por Lutero, le aborrecía de corazón. Hecho más tarde predicador en el pueblo de Turingia, se gloriaba de tener el Espíritu Santo, y de haber recibido mandato divino de predicar por todo el mundo. Combatía a un tiempo al papa y a Lutero. Expulsado de allí por su insensata agitación, se fué a Mühlhausen, y encendió desde allí la revolución en toda la Turingia.

Conmovido por las crueldades cometidas por los revoltosos, lanzó Lutero otro folleto «*contra los campesinos salteadores y asesinos*», aconsejando a los príncipes que los matasen como a perros rabiosos. Estos no aguardaron más, y el 15 de Mayo de 1525 los príncipes de Sajonia, el Landgrave de Hesse y el duque Enrique de Brunswik, batieron a Münzer y su bando de unos 8.000 hombres, y le derrotaron enteramente. Münzer fué cogido y ejecutado junto con su ayudante. Y como ésta, así las demás revueltas fueron ahogadas en sangre. Lutero y sus amigos habían manifestado muy claramente que no tenían ninguna comunión interior ni exterior con los rebeldes.

Mientras Lutero luchaba así en la política, no tuvo tampoco punto de reposo en la controversia doctrinal. Nuevos adversarios le salieron al encuentro. El ataque del papa y sus secuaces no le extrañó; pero no había esperado nunca tener que habérselas con un rey.

Enrique VIII de Inglaterra, habiendo compilado de libros viejos uno nuevo, ofreció al mundo la *Defensa de los siete sacramentos contra Martín Lutero,* por Enrique VIII, rey invencible de Inglaterra y Francia, Señor de Irlanda.

Plagados de errores e invectivas contra Lutero, hablaba de un modo tan insolente, que debía replicársele, y Lutero lo hizo con un escrito tan enérgico que asustó a los mismos amigos de Lutero.

Aniquila una afirmación tras otra, y combate las opiniones de los padres y doctores de la Iglesia con invencibles textos de la Biblia. Verdad es que la vehemencia e invectivas con que Lutero contesta a las del rey, no concuerdan con el espíritu manso de Jesucristo, pero Lutero era hombre y tenía sus defectos. Mas todo el mundo comprendió que el rey no tanto intentaba defender el catolicismo, como adquirir de parte del papa el título de *Defensor fidei* como los reyes de Francia y España. Esto lo consiguió, pero no ganó la victoria contra Lutero, pues se vió precisado a retirarse de la arena.

Pocos años después, habiendo asegurado a Lutero el rey de Dinamarca que Enrique se había convertido, y que no faltaba sino dirigirse benignamente a él para hacerle amigo del Evangelio, Lutero le escribió una carta, declarando que, a la verdad, no podía ni quería conceder nada en cuanto a la doctrina, pero le pedía perdón con noble humildad y respeto por algunas expresiones demasiado fuertes y ofensivas que había usado. Mas sólo obtuvo de Enrique por contestación otro libelo más infamatorio y denigrante.

Lo notable es, que aquel *defensor de la fe católica romana* rompió más tarde enteramente con el papa y le atacó como lo había hecho antes con Lutero. El fué el que libertó, aunque no por motivos nobles y puros, a Inglaterra del dominio del papa.

Con motivo de esta controversia, dió Lutero
contra otro hombre, el célebre Erasmo (nacido
en Rotterdam en 1463 y fallecido en Basilea en
1536), el más famoso literato de aquellos tiempos. Hasta entonces no se había decidido ni en
pro ni en contra de la Reforma. Estimaba mucho
a Lutero por sus conocimientos y franqueza;
se alegraba del progreso que hacían las letras
como consecuencia de la Reforma. Tampoco
quería defender al papismo con sus abusos, vicios y supersticiones. Mas siendo racionalista
en el fondo, no comprendió la fuerza, decisión
e intransigencia con que Lutero y sus amigos
combatían todo el sistema romano; pues varias
doctrinas, por ejemplo, la de las buenas obras y
del mérito del hombre, le parecían muy conve-
nientes y más razonable que la de la justificación por gracia. Lo que él prefería era «el
término medio», ignorando que no lo hay entre
la verdad y el error: anhelaba una reforma, sí,
mas sólo de los abusos y doctrinas supersticio-
sas, dejando el fondo íntegro e intacto; olvidan-
do aquella máxima: el árbol malo no puede llevar frutos buenos.

Era el tipo de los que abundaban entonces
como abundan hoy día: enemigos del papismo,
mas no amigos del Evangelio; quieren destruir
el edificio de la superstición; mas no tienen con
qué suplirlo, a no ser con una filosofía árida,
deleznable y seca que no da consuelo al corazón
ni seguridad a la conciencia, que jamás ha lo-

grado victorias duraderas contra el Romanismo, ni contra ninguna superstición.

Así sucedió que la Reforma, cuanto más adelantaba y adquiría forma más concreta, tanto menos aceptable parecía a Erasmo; mas con todo, no tenía ganas de meterse en estas disputas teológicas, como solía llamarlas; y por otra parte, temía el genio de Lutero. Pero estrechamente ligado Erasmo con Enrique VIII, se sintió igualmente atacado por Lutero en la persona de su amigo; y a pesar de que Lutero, no queriendo batirse con este literato, a quien estimaba mucho, le había rogado que no tomase parte activa en la controversia, se resolvió el célebre Erasmo, azuzado desde luego por los papistas de todas partes, a lanzarse contra el Reformador. El tema de su escrito caracteriza al hombre: *El libre albedrío;* trata de demostrar que el hombre por voluntad y determinación propia es capaz de hacer bien; y aun cuando no puede prescindir en absoluto de la ayuda divina, tampoco está tan privado de todo mérito que la justificación se verifique por pura gracia. Concede en parte la cooperación de la gracia; mas tiende a cercenar todo lo posible esa influencia, para enaltecer la energía y obra.

Lutero contestó con su discurso de *El albedrío esclavo,* en el que probaba que no existía ese pretendido libre albedrío. El hombre original había tenido la voluntad libre para el bien, y nacido otra vez y santificado por el Espíritu

Santo, volvía a tenerla; mas desde la caída de Adam el hombre natural era esclavo del pecado; y cualquiera que creyese poder hacer lo más mínimo para su salvación por sí mismo, y confiase, no en la gracia de Dios, sino en sí mismo, no podía alcanzar la salvación; pues el hombre es justificado ante Dios sólo por la fe. Erasmo prolongó la controversia con dos tratados más, pero sin éxito.

Mucho más importante que las mencionadas controversias fué la sostenida *sobre la Santa Cena*.

Lutero ya antes había tenido grandes dudas acerca de la doctrina de la transubstanciación de la Santa Cena. Sabido es que la Iglesia romana pretende que el pan y el vino se convierten real y esencialmente en cuerpo y sangre de Jesucristo por las palabras de la institución pronunciadas por el sacerdote sobre los elementos, quedando sólo la forma, los accidentes del pan y el vino, es decir, lo que entra por las sentidos pero de ninguna manera el pan y vino mismo. Consecuencia forzosa de esto era que siendo el Sacramento material y esencialmente cuerpo y sangre de Cristo, debía adorársele. También que bastaba dar a los legos comulgantes sólo una especie del Sacramento, el pan; puesto que en el cuerpo está ya contenida la sangre. Sólo los sacerdotes deben recibir también la otra especie, el cáliz. Mas la supresión del cáliz pugna manifiestamente con la institución

de Cristo cuando dijo expresamente: *Bebed de él
todos* (Mateo 26, 27); y es injusto otorgar a los sacerdotes como privilegio el cáliz de que se priva
a los legos. El apóstol San Pablo nada sabía de
tal privilegio (véase 1.ª Corint. 11, 25-29). Además, el dogma de la transubstanciación se pro-
mulgó en la Iglesia romana, muy tarde, en el
año 1215.

Lutero, pues, desechó esta doctrina contraria
a la Escritura, y afirmó únicamente la presencia
real, pero espiritualmente, del cuerpo y sangre
de Cristo bajo y con el pan y vino. Pero su colega Carlostadio fué más adelante; interpretó las
palabras de la institución ‹este es mi cuerpo,
etcétera›, diciendo que al pronunciarlas Jesucristo, las refería hacia su cuerpo, anunciando a los
discípulos, que lo había de sacrificar por ellos,
y enseñándoles que habían de recordar esto en
lo venidero, cuando juntos partiesen el pan. Tal
era la interpretación de Carlostadio, que éste
divulgó y predicó, acompañando sus predicaciones con expresiones algo apasionadas en contra de Lutero. Algunos discípulos de éste la acep-
taron y la desenvolvieron, con especialidad los
teólogos Bútzer y Capiton, quedando, sin embargo de esto, amigos y veneradores de Lutero.

También se puso por este tiempo en contradicción con Lutero, en cuanto a esa doctrina, el
teólogo Ulrico Zuinglio, de Zurich, que había
comenzado la Reforma en la Suiza al mismo
tiempo que Lutero en Alemania.

Desde el año 1527 venía declarando en sus obras que Jesucristo, según San Juan, cap. 6, exige tan solamente que su carne se tome espiritualmente como verdadero alimento del alma; es decir, con la fe viva de que había entregado su cuerpo y sangre a la muerte para la vida del mundo; declarando, por lo tanto, inútil el comer materialmente su carne como los judíos lo habían entendido. Si a esa comida espiritual, añadía, se juntan las señales de recuerdo, esto es, el pan que representa su cuerpo destrozado, y el vino que recuerda el derramamiento de su sangre, entonces se tomaba sacramentalmente el cuerpo y sangre de Jesucristo, en lo cual consistía lo característico de la Santa Cena. Las palabras de la institución «Tomad, comed, esto es mi cuerpo», según Zuinglio, significan: «Esto simboliza o significa mi cuerpo.»

Contra esa doctrina se levantó entonces Juan Bugenhagen, amigo y colega de Lutero, defendiendo la verdadera presencia del cuerpo espiritual de Cristo en la Santa Cena; al mismo tiempo que Zuinglio halló un compañero de su parecer en Oecolampadio de Basilea. Con este motivo Lutero mismo intervino en la disputa.

Para comprender estas disensiones, que trajeron tan tristes consecuencias para la Reforma, preciso es tener bien en cuenta lo dificilísimo de la materia. La Biblia nos dice bien poco para aclarar el misterio que está contenido en la Santa Cena. Desde luego se entiende que el sentido de la Biblia es que el cristiano celebra una verdadera y real comunión con Cristo glorificado, por medio de los elementos materiales. Mas sobre el modo en que se verifica esta unión, nos da escasas referencias. Lo cierto es que hay que evitar dos extremos: primero, el traer todo el misterio al terreno material y físico, tal como lo comprende la Iglesia Romana, la que con su doctrina de la transubstanciación lleva a la idolatría y a un Dios material y carnal; el otro extremo sería quitar todo el valor a los elementos, o sea a la forma e institución exterior, interpretando la comunión con Cristo que en ella disfruta el cristiano de un modo tan vago, que allí no se vea más que lo que el cristiano puede y debe tener en todas partes y épocas, a saber: ‹la comunión con Cristo por la fe›. Es evidente que con esta interpretación el sacramento pierde todo su valor y dignidad: y así lo comprendieron aquellos fanáticos y falsos profetas antes mencionados, que Lutero combatió al volver de Wartburg.

Los reformadores todos, fuerza es decirlo, reconociendo que ambos extremos eran erróneos, los combatieron y trataron de excluirlos en sus definiciones respectivas. Mas Lutero, impresionado fuertemente por los recientes combates con aquellos fanáticos, y presintiendo los graves peligros que aquel espiritualismo traería a la Iglesia, se esforzó en combatirlo, definiendo la presencia espiritual de Cristo en la Santa Cena de la manera más positiva que era posible. Al contrario, Carlostadio, Zuinglio y sus amigos temiendo que se retrocediera a la idolatría romana, procuraron apartar de sus definiciones respectivas todo cuanto pudiera dar pie a una inteligencia material. Partiendo así unos y otros de un mismo fundamento, pero con puntos de vista divergentes, llegaron también a definiciones distintas. Esto no tiene nada de extraño si se considera lo misterioso, difícil e intrincado de la materia y la limitación del entendimiento humano. Ni tampoco tal diferencia de pareceres hubiera sido en sí misma perjudicial, puesto que el recibir la bendición y gracia del sacramento no depende de la mucha o poca inteligencia del misterio, sino únicamente de la fe con que se toma. Mas por desgracia sucedió aquí lo que tantas veces hay que deplorar entre cristianos: la pasión se mezcló en la controversia, y agravó la disensión; se lanzaron folletos de ambas partes con encarnizamiento poco cristiano. Por fin se propuso celebrar una controversia, que pusiese fin a la diversidad de pareceres, esclareciendo perfectamente el asunto. El conde Felipe de Hesse, reconociendo la gran importancia de la acción unida y fraternal de todos los reformadores de la Sajonia y de la Suiza, convocó en 1529 a ambas partes en Marburg, para que viniesen a un acuerdo, después de discutirlo concienzudamente.

Felipe había dispuesto que primero disputasen

Lutero y Oecolampadio, y después Zuinglio con
Melanchton separadamente, porque temía que si
los dos espíritus vehementes, Lutero y Zuinglio,
luchaban frente a frente, frustrarían toda inteligencia. Después se tuvo la disputa pública por
tres días enteros, asistiendo a ella el conde Felipe, el duque Ulrico de Württemberg y sus consejeros, con muchos otros doctores y catedráticos. Todos los argumentos en pro y en contra,
empleados ya en los folletos, se reprodujeron
de nuevo. Resultado de esto: los reformadores
redactaron catorce artículos, firmándose trece
de éstos con completa conformidad de ambas
partes sobre las demás doctrinas de la fe. Al
artículo catorce, sobre la Santa Cena, añadieron:
«No habiendo llegado a un acuerdo sobre si el
verdadero cuerpo y sangre de Jesucristo está
contenido en el pan y vino; sin embargo,
los unos deben mirar y tratar a los otros con
amor cristiano, en cuanto la conciencia de cada
uno lo permita; y ambas partes suplicar a Dios
asiduamente que El mismo por su Espíritu Santo
nos confirme en la recta inteligencia de tales palabras. Amén.»

¡Ojalá que se hubiese puesto en práctica este
convenio! Reinando el amor fraternal y soste-
niendo con fuerzas comunes y unidas los trece
artículos convenidos, o sea el resumen de la
doctrina evangélica, ciertamente el décimocuarto no debía haber producido escisión. Pero, por
desgracia, este convenio no fué sino una paz

aparente. En la confesión de Augsburgo y otras, la doctrina de Lutero acerca de la Santa Cena se pronunció clara y explícitamente, mientras que los reformados en la confesión Helvética y otras, proclamaron la presencia solamente espiritual de Cristo, estando y permaneciendo su cuerpo en los cielos, de modo que la Santa Cena era sólo una conmemoración de su muerte. Más tarde la lucha se hizo más y más encarnizada, hasta declararse una ruptura entre luteranos y reformados, que ha sido una gran rémora para los progresos de la Reforma en muchos países.

Por lo demás, no es difícil hallar excusas en pro de Lutero y demás reformadores. Altamente agitados todos en su interior por la lucha terrible que, siendo tan pocos, pero obedeciendo a la voz de su conciencia, sostenían ya por tantos años contra el mundo entero, no es de maravillar que en el ardor y encarnizamiento de la pelea se equivocaran en algún caso, tomando opiniones secundarias por dogmas principales. Mas una vez imbuídos en este concepto erróneo, les honra altamente la inquebrantable rectitud y religiosidad con que defienden su convicción sin mirar en nada a las conveniencias políticas. Era evidente, desde luego, que nada podía perjudicar tanto a la obra de la Reforma como esta discordia entre sus iniciadores, enfrente del formidable y uniforme poder del papado. La conveniencia política aconsejaba disimular la diver-

gencia a toda costa; mas la conciencia no les
permitió ocultarla.

Meditando luego sobre las razones por las que
permitió Dios que estallase esta lucha entre hermanos en la fe igualmente defensores de la verdad evangélica, una al menos hallamos muy
evidente y palpable. Dios quería demostrar a
todo el mundo que la causa era suya y no de los
hombres, para que él solo fuese glorificado.
A ser obra de hombres, tamaño error, como era
esa lucha incomprensible entre luteranos y reformados, debía darle el golpe de gracia y arrui-
narla completamente. Mas la causa de Dios está
por encima aun de las faltas de sus mismos defensores. Así es que aquellos errores hacen re-
saltar la omnipotencia de Dios. Y otra segunda
enseñanza no menos importante se desprende, a
saber: que estos sucesos de tan triste recuerdo
nos hacen entender y atender al único medio
que liga la libertad con la unidad evangélica,
cual es, como lo explica San Pablo: «Sed asi-
duos en conservar la unidad de espíritu por el
vínculo de amor.»

Felizmente, el mismo país donde estalló la
guerra, a saber, la Alemania, ha sido el primero
en restablecer la paz: en el año 1817, con motivo
de la celebración del tercer centenario de la Reforma, el piadoso rey de Prusia, Federico Guillermo III, emprendió la tarea de reanudar de
nuevo el lazo del amor y comunión cristiana entre ambas iglesias, uniéndolas en una *Iglesia*

evangélica, y su empresa ya ha traído consigo
por la gracia de Dios gran bendición.

Por lo demás, Lutero mismo, a pesar de insis-
tir sin vacilar en sus opiniones, siempre permaneció muy modesto en cuanto a sí mismo; lejos
de querer establecer él una nueva Iglesia y darle
su nombre, escribió un día: «No debes llamarte
luterano: ¿qué es Lutero?, ni es la doctrina mía;
ruego que se calle mi nombre, y no se llamen
luteranos, sino *cristianos.* Extirpemos los apelativos de partido; llamémonos cristianos, pues que
profesamos la doctrina de Cristo. Ni soy ni quiero ser maestro de nadie.»

Hasta aquí hemos visto a Lutero ocupado mayormente en las luchas de afuera. No por esto
dejó de dirigir siempre su atención hacia adentro. No quería sólo derribar, sino más bien edificar; y así nunca dejó de trabajar para la conso-
lidación interior de la Reforma. Sin desfallecer
se ocupó en este tiempo, como ya hemos dicho,
en la traducción de la Biblia. Escribió además
varios tratados, a fin de instruir al pueblo sobre
los errores del papado y sobre la pura doctrina
evangélica. En el 1527 dió al pueblo alemán el
primer himnario, titulándolo *Primera colección de
canciones espirituales y salmos.* La mayor parte de
estos himnos son aún hoy dia muy conocidos y
amados en Alemania; muchos de ellos han sido
traducidos a otras lenguas.

También tenía un vivo interés por establecer
escuelas cristianas de todas clases, convencido

de que el Evangelio no podía hacer mucho progreso en la nación, a no ser instruída sencilla y rectamente en él la juventud; pero en esto tuvo muchas y muy grandes dificultades con que luchar. Se quejaba amargamente de que, habiendo emprendido los príncipes y ayuntamientos de tan buena voluntad la secularización o *desamortización* de los bienes eclesiásticos, nada se aplicase para las escuelas. En su discurso ‹A los alcaldes y consejeros de todas las ciudades de Alemania para que estableciesen y sostuviesen escuelas cristianas›, dice, entre otras cosas: ‹Gastándose cada año tanto dinero en puentes, carreteras, caminos, diques, etc., ¿por qué no se gasta en favor de la juventud pobre y necesitada lo que sea necesario para darle buenos profesores? Es cuestión de mucha importancia para Cristo y todo el mundo, el prestar consejo e instrucción a los jóvenes, puesto que con ello todos reciben socorro›.

Sobre todo esto Lutero pensó en establecer un nuevo orden de cosas eclesiásticas. El 5 de mayo de 1525 el príncipe elector Federico el Sabio falleció, sucediéndole su hermano Juan, llamado el Constante, el cual tomó parte activa en la Reforma, mientras que Federico sólo había dejado obrar a Lutero y a sus amigos. Ya en ese mismo año de 1525 mandó este príncipe que todos los predicadores introdujesen en el culto la llamada ‹misa alemana›, redactada por Lutero. Es verdad que Lutero conservaba en ella mucho de lo anterior; pero abrogaba enteramen-

te el sacrificio de la misma, y el uso de la lengua
latina; y acentuaba como lo más importante la
predicación del Evangelio. Además, ordenó que
se predicase exclusivamente la pura Palabra de
Dios, para lo cual se dió a luz un sermonario
redactado por Lutero, que sirviese de guía a los
menos instruídos. Después de esto pidió el elector a Lutero y Melanchton su parecer acerca de
la constitución de la Iglesia e institución del culto y colocación de los predicadores. Hizo publicar estos principios fundamentales por delegados, legos y eclesiásticos: en 1527 removió los
malos predicadores y los sustituyó por otros
mejores. Esto se verificó con motivo de una
visita eclesiástica hecha del 1527 al 1529, que
por primera vez estableció orden y uniformidad
en las congregaciones de Sajonia. Después se
proclamó la nueva constitución eclesiástica según la cual la Iglesia no se considera como un
cuerpo enteramente separado del Estado, gober-
nado por una jerarquía que tiene por jefe supremo al papa, sino más bien como un conjunto de
congregaciones creyentes que tienen la misma
confesión, y son protegidas y no inspeccionadas,
en cuanto a lo exterior, por el Gobierno del
Estado, de tal manera, que éste ejerce sus derechos sobre la Iglesia por medio de las personas
nombradas por ella misma, que son los super-
intendentes, y después los consistorios. Pero la
época en que se estableció esta nueva constitución de la Iglesia era tan agitada, que no se ex-

plicaron ni determinaron claramente algunos de sus principios, especialmente sus relaciones con el Supremo Gobierno del Estado; así resultó cierta confusión del régimen eclesiástico con el político del país, que muchas veces ha perjudicado a la libertad e independencia de la Iglesia.

Con estas nuevas instituciones se llevó a cabo el establecimiento de la Reforma en la Sajonia, Hesse, Anhalt, Luneburgo y muchas ciudades libres; la Prusia, Dinamarca, Suecia, Noruega, casi todo el norte de Alemania y de Europa.

Esta nueva constitución y el establecimiento de las escuelas, movió a Lutero, en el año 1528, a escribir su catecismo grande, y en 1525, su catecismo pequeño. No se puede calcular las bendiciones que han traído consigo estas obras inmortales: estos catecismos existen hoy día, traducidos en treinta y tantos idiomas. El elector Federico II quiso que se le enterrase con el catecismo en la mano.

En el preámbulo, Lutero nos da un magnífico modelo del método sencillo de instrucción que quiere sea empleado. Dice: ‹Todas las preguntas deben referirse en último término a dos puntos: fe y caridad. La parte de fe se subdivide en otras dos: en la primera se desarrolla aquel artículo, ‹que todos estamos corrompidos y condenados por el pecado de Adán›; en la segunda, ‹que somos librados por Cristo Jesús de todo pecado y de la condenación eterna.› Igualmente, la parte de la caridad se subdivide en dos, a saber: la primera expone el mandato «de que debemos servir y hacer bien a cualquiera como Jesús nos lo hizo a nosotros»; la segunda, «que tenemos que sufrir y padecer cualesquiera males de buena voluntad.»

«Empezando ahora—dice—a comprender esto el niño, se le acostumbra a aprender en las predicaciones textos de la Escritura, y juntarlos con estos artículos como se juntan cuartos, reales y escudos en los bolsillos y portamonedas. La bolsa de la fe es un portamonedas de oro, y en él entran: primero, el texto de Romanos 5, 12, y Salmo 51, que son dos onzas preciosas; y segundo el texto Romanos 4, 25, y Evangelio de San Juan 1, 36, que son dos doblones. Nadie por sabio que sea, debe despreciar este método infantil. Cristo, queriendo salvar a los hombres, hubo de hacerse hombre; para educar a niños, debemos hacernos nosotros niños como ellos.» ¿No es esto un espejo excelente para tantos orgullosos profesores y pedantes de hoy en día, que piensan que cuanto más abstracta y pesada presentan su doctrina, tanto más mérito tiene?

Aparte de todas estas luchas y trabajos de Reforma, no descuidó Lutero en lo más mínimo su cargo de predicador y párroco, manifestándose buen pastor del rebaño confiado a su dirección, no solamente predicando el más puro Evangelio, sino también practicándolo. A menudo predicaba más de una vez al día, visitaba los enfermos, instruía a los catecúmenos y cuidaba de los pobres y afligidos de la congregación. Especialmente, en 1527, dió una prueba insigne de su fidelidad de pastor.

En dicho año sobre las muchas tribulaciones y enfermedades que personalmente tenía que sufrir, se declaró la peste en Wittemberg, y la Universidad, por mandato del elector, se trasladó a Jena. También a Lutero amonestó aquel príncipe que se retirase a Jena juntamente con su familia; pero él y Bugenhagen con los diáconos quedaron solos en Wittemberg; «mas no solos—escribía a un amigo;—Cristo y vuestras oraciones nos acompañan, y están también con nosotros los santos ángeles invisibles. Si Dios quiere que nos quedemos aquí en esta plaga y nos muramos, nuestro cuidado de nada servirá; por tanto, que cada cual disponga así su corazón: «Señor, en tus manos estoy, tú me has atado aquí, hágase siempre tu voluntad.»

Lutero entraba en las habitaciones de la peste y de la muerte; consolaba a los enfermos y moribundos con el Evangelio, y los fortalecía con el santo sacramento del cuerpo y sangre de Cristo. En Noviembre tuvo su propia casa llena de enfermos; escribía a un colega suyo: «Soy como el apóstol, como muriendo, mas he aquí, vivo.» Al fin del año pudo volver a escribir a su amigo, lleno de gozo: «La peste está muerta y enterrada; Dios ha manifestado su misericordia magnífica y maravillosamente; probando así que le complace nuestra predicación del Evangelio, a pesar de ser nosotros pecadores.»

¡Qué mal se compagina este proceder y esas palabras tan espirituales de Lutero con lo que a voz en cuello están diciendo de él sus enemigos! Pero el día de la gran revelación hará patentes todas las cosas ocultas, ya hayan sido ocultadas por la voluntad de Dios, que debemos siempre respetar, ya por la malicia de los hombres.

CAPÍTULO XI

Entretanto, los príncipes católicos y el papa, viendo que la Reforma iba ganando terreno, estaban muy contrariados, y trataron por todos los medios de oponerse al torrente; pero la sabiduría y poder del mundo se estrellaron contra la fuerza del Evangelio puro, cumpliéndose así lo que el mismo Lutero decía en su himno de batalla: «Mas por nosotros pugnará de Dios el Escogido. ¿Sabéis quién es? Jesús; el que venció en la cruz, Señor de Sabaot, y pues Él sólo es Dios, Él triunfa en la batalla.»

León X había fallecido el 1 de diciembre de 1521. El nuevo papa, Adriano VI (1522-1523), hombre débil y casi en todos conceptos el reverso de su antecesor, sabía muy bien que había mucho que reformar en la Iglesia, y sin embargo, entró en lucha contra la Reforma. En el año 1522 los Estados de Alemania celebraron Dieta en Nuremberg, bajo la presidencia del archiduque Fernando, por hallarse ausente el emperador. Allá mandó el papa un delegado exigiendo con

firmeza que se ejecutase el edicto de Worms
contra Lutero y sus correligionarios; pero a la
vez confesaba con franca sinceridad, que nunca
le perdonaron los romanos y papistas, que en
verdad habían sucedido cosas abominables en la
corte de Roma durante los últimos tiempos, y
que en las cosas espirituales había habido grandes abusos por inmoralidad y excesos.

Prometía realizar él mismo una reforma, comenzando en su propia corte, y al mismo tiempo
pedía el consejo y concurso de los príncipes alemanes para mejor resistir a la propagación del
partido luterano. Esta confesión propia, y la
desconfianza de las proposiciones de Reforma
de un papa, inclinaron a las cortes a no tomar
ya resoluciones duras contra Lutero y sus adhe-
rentes. Pero en cambio, la mayor parte de los
príncipes católicos y obispos se confederaron
el 6 de julio de 1524 en Regensburg, para cerrar
a la Reforma la entrada en sus países o echarla
fuera si entrase. En oposición a esta federación
se aliaron también los príncipes y ciudades inclinados a la Reforma, en Torgau. La Dieta de
Spira, celebrada este año, no tuvo otro resultado
que la resolución de que se celebrase al año siguiente en Alemania un concilio libre cristiano
para arreglar la desavenencia religiosa. Hasta
entonces cada uno debía comportarse de modo
que pudiera responder a Dios y al emperador.

Es verdad que los católicos creyeron que cum-
plían su deber estableciendo hogueras y persi-

guiendo a los confesores del Evangelio a sangre
y fuego. Así la Iglesia evangélica renovada recibió el mismo testimonio en que abundó la Iglesia de los Apóstoles, a saber: el testimonio del
martirio. La semejanza entre los tiempos de los
Apóstoles y los de la Reforma se manifestó
abiertamente. Entonces era la verdad naciente,
ahora la renovada la que era perseguida, pero
con igual encono y fanatismo. El primero y más
cercano enemigo de Lutero era el duque Jorge
de Sajonia, que echaba mano a los evangélicos
y los arrojaba de su país. En la Suabia se vió col-
gar a los predicadores protestantes de los árboles. En Praga y Viena los evangélicos eran de-
gollados y quemados en las hogueras lo mismo
que en Munich y Passau. En Bruselas fueron
quemados vivos dos jóvenes frailes agustinos,
el 1 de Julio de 1523; y en Colonia, en 1527 otros
dos fueron ejecutados, confesando su fe evangélica con gran fortaleza hasta la muerte. En otras
ciudades hubo otros mártires; pero también se
probó entonces la verdad de aquel dicho antiguo: «La sangre de los mártires es la simiente
de la Iglesia.»

El año 1529 se reunió otra Dieta en Spira,
presidida también por Fernando, por estar el
emperador en España. Esta ahondó más la ruptura entre ambos partidos, dando al nuevo un
apelativo especial; pues cuando la mayoría de la
Dieta que era católica, aprobó la resolución de
«que debía permanecer en vigor el edicto de

Worms, sostenerse la misa, y los que ya hubiesen dado entrada a la nueva doctrina, debían abstenerse de todas las innovaciones; además, que ninguno debía proteger a los sujetos del otro bando por causa de la religión», los amigos de Lutero, disgustados con esta resolución, presentaron una protesta, de la cual tuvo origen el nombre de PROTESTANTES.

El emperador recibió de muy mal humor tal protesta y apelación, entregada personalmente por diputados especiales: no obstante, convocó nueva Dieta para el 1 de Mayo de 1530 en Augsburgo, en la cual debían tratarse las cuestiones religiosas.

A fin de estar bien dispuesto para esta Dieta, el príncipe elector Juan el Constante convocó a sus teólogos Lutero, Melanchton, Jonas y Bugenhagen, para redactar las doctrinas en cuestión con la mayor brevedad y exactitud posible en un documento que pudiera ser presentado en público. Cumplieron con esta comisión redactando primero una confesión de 15 artículos, la que, presentada al príncipe en Torgau, tomó el nombre de los «Artículos de Torgau». Melanchton luego los redactó de nuevo, formando así, con acuerdo de los demás teólogos, la confesión de Augsburgo, joya preciosa y baluarte firme de la fe consoladora y salvadora, lazo general de todas las generaciones y congregaciones protestantes en Alemania. El elector marchó a Augsburgo en abril de 1530, llevando consigo a sus

teólogos Spalatin, Melanchton, Jonas y Agrícola.
Sólo Lutero, cuya persona podía desagradar al
emperador, pues estaba todavía bajo el decreto
de proscripción, se quedó a la mitad del camino,
en el castillo de Coburgo, último punto del terri-
torio de Sajonia en dirección hacia Augsburgo,
pues su príncipe, ya que no podía tenerle a su
lado, deseaba que estuviese lo más cerca posible
para sostener a los demás con su fe, autoridad y
prudencia.

Fácilmente podremos comprender cuánto dolor sentiría este campeón intrépido al verse desterrado del campo de batalla, mientras sus amigos emprendían la peligrosa lucha. La soledad
aumentaba sus tribulaciones, congojas y penas.
Allí estaba diariamente por muchas horas en ferviente oración al Señor, pidiéndole que prote-
giese y bendijese a su Iglesia, asistiendo a la lucha con las manos levantadas al cielo, como en
otro tiempo Moisés lo hizo en la batalla de Israel
contra los Amalecitas. Aunque ausente, era el
alma de la federación evangélica en la Dieta; en
cuanto a las cuestiones religiosas, de todo lo que
acontecía se le daba cuenta y se le pedía su consejo. El elector Juan llegó a Augsburgo el 2 de
mayo, el primero de todos los príncipes; poco
después llegó el segundo protector del protestantismo, Felipe de Hesse. El emperador se detuvo todavía en Insbruck, tratando de inclinar la
causa a su favor por medio de negociaciones con
el elector Juan; pero sin éxito. Por fin el 15 de

junio llegó el emperador a Augsburgo, y se celebró su entrada solemne el día antes de la fiesta del Corpus; en seguida exigió de los príncipes evangélicos, no solamente que prohibiesen a sus teólogos predicar en contra, sino también que ellos mismos tomasen parte en la procesión.

A ambas cosas se negaron los protestantes, y entre todos, el conde Jorge de Brandemburgo-Anspach declaró en presencia del emperador: «Antes querría yo doblar mis rodillas ante S. M. Imperial, y hacerme decapitar, que renegar de mi Dios y su Santo Evangelio.» A esta declaración intrépida del conde, contestó el emperador conmovido: «No, mi príncipe; decapitar no, nunca.» Ninguno de los príncipes protestantes y pocos de los habitantes de Augsburgo asistieron a la procesión; a la misa con que se inauguró la Dieta del 20 de junio sí asistieron, pero absteniéndose de las ceremonias religiosas.

Abierta la Dieta, el emperador tenía la intención de tratar primero la cuestión de los turcos, a fin de procurarse subsidios para la guerra, de todos los príncipes, tanto protestantes como católicos, y decretar después en la cuestión religiosa cuanto quisiera. A esto se opusieron los Estados Evangélicos con toda energía, exigiendo que en primer lugar se procurase hacer desaparecer la disensión que traía dividida la Alemania por tantos años, y que se les concediese dar fe y testimonio de sus creencias en pública y plena sesión. Lograron lo primero porque no había otro remedio; mas a lo segundo se opusieron el legado del papa, el mismo hermano del emperador, Fernando, y los demás partidarios de Roma, con toda energía; porque temían el poder y la influencia de la verdad, predicada y confesada en un acto tan solemne. Intentaron más bien vencerlos secretamente por medio de negociaciones e intimaciones. Los fieles confesores hallaron inesperadamente un apoyo importante donde menos podían esperarlo; a saber, en la corte misma del emperador. El canciller Gatinara, hombre de grandes luces y suma prudencia, había muerto pocos meses antes en Bolonia y siempre había influído en pro de la paz y conciliación; mas el primer secretario de Carlos V, Alfonso de Valdés, natural de Cuenca, en España, hizo sus veces con no menos celo y actividad.

Reconocido como adversario de la corrupción romana por su célebre Diálogo entre Lactancio y el Arcediano sobre la conquista y pillaje de Roma, gozaba, sin embargo, de toda la confianza del emperador, el cual le encargó que negociase con Melanchton y demás teólogos protestantes sobre las condiciones de la reconciliación. Estos se mostraron demasiado condescendientes, y seguramente nunca hubo más probabilidad de llegar a un mutuo acuerdo; mas el nuncio Campeggi, por su incomprensible ceguedad, se opuso a las más mínimas concesiones, esperando, sin duda, que los adversarios se rendirían incondi-

cionalmente. Contra esta obstinación se estrellaron todas las tentativas de los amigos de la paz.
No puede menos de reconocerse en esto la mano
de Dios, que no quiso dejar parada en medio de
su camino la obra de la Reforma, probando, por
otra parte, que no eran los protestantes los que
impedían la reconciliación, sino los mismos romanistas. Sin embargo, algún éxito logró el in-
fatigable negociador Valdés, y fué, por informar
al emperador sobre los verdaderos fines de la
Reforma; le hizo mirar desde entonces a los
evangélicos bajo otro aspecto del que los había
considerado antes. Por esto puede decirse que
preparó el camino para que pudiesen dar su confesión de fe en público. Ellos reconocieron agra-
decidos sus servicios en favor de la paz y reforma eclesiástica; mas los romanistas nunca se lo
perdonaron; y seguramente, cuando hubiera
vuelto a España, toda la autoridad y amistad del
mismo emperador no hubiera sido suficiente para
defenderle contra la Inquisición, que ya iba a for-
marle causa. Pero no volvió a ver su patria esta
alma noble: murió dos años después en Viena.

Hasta en la misma familia del emperador había
adquirido defensores la causa del Evangelio.
María, hermana de Carlos y viuda de Luis, rey
de Hungría, estudiaba la Biblia con grande celo,
e influyó cuanto pudo en favor de los protestantes perseguidos por sus hermanos, en atención a
que ambos la estimaban mucho. El mismo emperador no era adversario personal de la Refor-

ma como su hermano, y tampoco le gustaban las
medidas extremas, porque tenía necesidad de
los príncipes protestantes contra los turcos, y no
quería, por otra parte, que se aumentase el poder del papa. Con todo, a no ser por la inquebrantable constancia de los Estados mismos, y
particularmente del elector Juan, que conquistó
bien en esta ocasión el sobrenombre de *Constante,* la voz de la verdad hubiera sido sofoca-
da y acallada entre negociaciones y concesiones.

Los evangélicos insistieron en defender en
público su fe y doctrina. Por fin se determinó
que este acto se celebrase el 24 de junio; mas a
causa de un larguísimo discurso del legado, y de
las reclamaciones de los diputados de las provincias invadidas por los turcos, a quienes se
concedió la palabra primero, se prolongó la sesión hasta la noche, sin que pudieran usar de la
palabra los protestantes. Por lo cual se les propuso que al día siguiente entregasen su confesión
por escrito.

Mas este cálculo tan bien formado quedó frus-
trado por la firmeza de aquellos. «Se trata—con-
testaron—de nuestro honor y de nuestra alma.
En público nos recriminan, en público contesta-
remos.» No habiendo otro remedio, se les concedió la lectura pública, mas no en la gran sala
donde tenían lugar las demás sesiones, sino en
una capilla del palacio, en la cual apenas tenían
cabida doscientas personas. Todos los pasillos y

el patio estaban cuajados de gente. Carlos exigió que se leyese en latín, con el fin de que lo entendiesen pocos. Mas el elector contestó: «Hallándonos en país alemán, creo nos será permitido hablar en lengua alemana.» Acto continuo se levantó el canciller electoral, Bayer, se puso enfrente del trono imperial, y leyó la confesión en voz clara y alta, a fin de que no sólo los que estaban dentro de la capilla, sino también toda la gente que se hallaba fuera entendiese todas las palabras.

Melanchton había trabajado junto con otros teólogos hasta el último momento en la mayor perfección de esta confesión. Explicó las doctrinas divergentes con mucha concisión y claridad, pero a la vez con toda la indulgencia y moderación que le eran tan propias. Redactó un tratado, que no sólo todos los teólogos presentes aprobaron, sino que, llevado a Lutero, declaró éste que no había nada que mejorar o mudar en él.

Los primeros veinte artículos demuestran la doctrina evangélica lo más precisa y exactamente posible; no en términos teológicos y de escuela, sino en lenguaje común y natural. Los otros ocho tratan de los errores y abusos principales de Roma, combatiéndolos con la clara Palabra de Dios, y demostrando la necesidad de anularlos. Sin embargo, no había en ellos palabra ni expresión de que con razón pudiesen ofenderse los adversarios. Lástima que el poco espacio no nos permita dar un corto resumen de esta obra maestra, si bien ya no se puede resumir más; merece ser leída íntegra.

Era el 25 de junio de 1530, desde las tres hasta las cinco de la tarde, cuando se verificó la lectura ante las cortes reunidas. Los príncipes evangélicos permanecieron en pie durante la lectura, porque querían con esta actitud declarar su firmeza y constancia. Acabada ésta se dieron dos ejemplares, uno alemán y otro latino, al secretario del emperador; mas Carlos V los tomó él mismo, se quedó con el ejemplar latino y dió el alemán al elector de Maguncia para conservarlo en los archivos del Imperio. Habían firmado la confesión Juan de Sajonia, elector; Jorge de Brandenburg, conde; Ernerto de Lunebug, duque; Felipe de Hesse, conde; Juan Federico de Sajonia, duque; Francisco de Lüneburg, duque; Wolfgang de Anhalt, príncipe; y de las ciudades libres de Nuremberg y Routlinge. Con el hecho de firmar los príncipes y ciudades en lugar de los teólogos, el acto tomó un carácter más público y grave.

No se puede determinar el efecto que produjo esta lectura en el emperador: estaba al parecer tranquilo, apoyada la cabeza sobre la mano; es lo más probable que aquel soberano ambicioso y conquistador, tenía ya tomada su resolución de antemano, y no la mudaría por ninguna exposición de la doctrina evangélica, por excelente que fuese.

En los demás presentes produjo una influen-

cia profundísima: muchos dieron muestras de
aclamación y admiración, pues ahora pudieron
ver que tantas recriminaciones contra la doctrina evangélica carecían completamente de fundamento, y que todo su sistema estaba en completa conformidad con las Sagradas Escrituras.

Guillermo duque de Baviera, adversario de
los evangélicos, inculpó al doctor Eck, en público, de haber falsificado la doctrina evangélica;
y replicando éste, «yo me atrevería a refutarlos
por los Padres, mas no por las Sagradas Escrituras», contestó el duque: «Ya veo que los luteranos están dentro de la Escritura y nosotros fuera.» El obispo de Augsburgo, Stadión, exclamó:
«Todo lo que han leído es la pura verdad, no
podemos negarlo.» Uno de los enemigos más
encarnizados, Enrique, duque de Braunchweig,
se mostró muy benigno con Melanchton. Los
príncipes y las ciudades protestantes se sentían
alegres y animados por haber confesado franca
y manifiestamente con tanta concordia su fe en
Jesucristo y su palabra y se felicitaban y alenta-
ban los unos a los otros.

Los teólogos católicos presentes en la Dieta
redactaron por mandato del emperador la llamada *Refutación de la confesión de Augsburgo*. Este
tratado se leyó en presencia del emperador y de
toda la Dieta el 3 de agosto. El emperador la
declaró cristiana e irrefutable, exigiendo que las
cortes evangélicas la aceptasen; mas habiendo
éstas pedido el manuscrito del tratado para exa-

minarlo, se les concedió, no sin dificultades, y sólo
bajo la condición de que el emperador no recibi-
ría ni se enteraría de ningún tratado más. No se
creería una condición semejante, si la historia no
la contase. Pero ¿qué importaba esto a los papistas? El caso era cerrar la boca a los evangélicos,
y ya que no con razones, se hacía por autoridad.
Así, pues, la hermosa Apología de la confesión
de Augsburgo, redactada por Melanchton, el segundo símbolo de la Iglesia evangélica, no se
publicó en la Dieta.

Tratóse de entregarla al emperador, pero éste
no la aceptó. Se entablaron nuevamente negociaciones para componer las contiendas, mas no
tuvieron éxito, por más tiempo que en ellas se
invirtió. El 22 de septiembre, habiéndose mar-
chado ya Juan Federico de Sajonia y Felipe de
Hesse, se publicó la resolución final de la Dieta,
en un todo contraria a los protestantes, ordenán-
doles que volvieran a sujetarse a la autoridad
papal. Para no desesperarlos, se prometió un
concilio general, que debía reunirse en el término de seis meses: mas ninguno hizo caso de tan
vaga promesa. Empero ellos permanecieron firmes en su confesión, protestando vivir y morir
en ella y presentarse alegres un día, así lo declararon, en el último juicio ante el Dios Omnipotente.

Fuerza es confesar que en toda esta campaña
los príncipes y magistrados evangélicos habían
superado con mucho a los teólogos en cuanto a

constancia y resolución, excepción hecha sólo de Lutero, cuya voz firme e intrépida se dejó oír desde el castillo de Coburgo todos los días en las deliberaciones y negociaciones entabladas en Augsburgo. No tenía otro medio de vencer sus angustias y tribulaciones, que la *Palabra de Dios* y la *oración,* Pero de éstos se servía como ninguno; tres, cuatro y mas horas pasaba en ferviente oración, el tiempo restante lo ocupaba en la lectura y estudio de la escritura. Todas las cartas, billetes y folletos que escribió durante estos días rebosan fe, consolación, prudencia y ánimo. Pocos hombres habrán vivido tan completamente rodeados de una atmósfera espiritual divina. A principios de Octubre volvió con su elector a Wittemberg.

Habiendo los príncipes evangélicos tomado en sus manos desde la Dieta de Augsburgo la cuestión religiosa, Lutero podía ir retirando más y más del campo de batalla, aunque sin perder de vista la nueva y lozana semilla que había sembrado. Sigamos, pues, ahora, a nuestro Reformador, del público campo de batalla a su tranquila morada en Wittemberg, para pasar en revista la vida privada de Lutero.

CAPÍTULO XII

El año 1524, el vigésimo domingo después de Trinidad, Lutero se despojó de su vestido de fraile y empezó a usar la toga negra de catedrático, habiéndole regalado el paño el elector. Estaba sólo en el convento, por haberlo abandonado todos los frailes. Entonces muchos amigos, y particularmente su padre, le rogaron que contrajese matrimonio, una vez que lo había aconsejado a otros, mas algunos le disuadían por temor a las calumnias de los adversarios.

Fué una acción digna de ser puesta al lado de aquella de las tesis de Wittemberg, de la confesión pública en la Dieta de Worms y de la traducción de la Biblia en el castillo de Wartburg, la de Martín Lutero, cuando el 13 de Junio de 1525 casó con Catalina de Bora. No era él el primero de los hombres más importantes de la Reforma que a la predicación de la palabra añadían el propio ejemplo, para confirmar la verdad de que el matrimonio es una santa institución divina, y que la doctrina del celibato de los sa-

cerdotes es un engaño del diablo (1.ª Timoteo,
4, 1-3). En Suiza, Ulrico Zuinglio y León Iudae
vivían ya en matrimonio santo y bendito. En
Strasburgo, Capitón había seguido el ejemplo
de Butzer, y Matías Zell se había casado con Catalina Schülz, la cual, bajo el nombre de Catalina
Zell, se ha hecho muy conocida como una de las
mejores esposas de pastor. Y en Wittemberg
mismo, los dos pastores Justo Jonas y Juan Bugenhagen, que Lutero convidó como testigos a
su casamiento, estaban casados ya hacia años.
Pero que ahora, en medio de un tiempo tan excitado por la guerra de los campesinos, el hombre más importante de la Reforma entrase en el
matrimonio, significaba un cambio completo en
la vida de los ministros de la palabra y una influencia profunda en la vida del pueblo entero;
porque el matrimonio de Lutero no procedió,
como calumniosamente y sin ninguna prueba dicen sus enemigos, del deseo de hacer más grata
su vida privada. El matrimonio de Lutero fué un
hecho con el cual quería él defender la Palabra
y orden de Dios en contra de la ordenanza y
desorden del papa.

Ya su folleto *A la nobleza cristiana de la nación
alemana sobre el mejoramiento del estado cristiano,*
que escribió en 1520 contra Roma, era como el
poderoso eco de la trompeta dirigido contra el
celibato de los sacerdotes. «También vemos—
dice en el décimocuarto punto de queja—cómo
ha decaído el clero y cómo algunos pobres curas,

abrumados con mujer y niños, tienen gran re-
mordimiento de conciencia, mientras ninguno
cuida de ayudarles, aunque sería cosa fácil el hacerlo. Pues si el papa y el obispo no hacen caso
de esto, y más bien ayudan a perder lo que está
perdido, yo quiero salvar mi conciencia y abrir
con toda franqueza mi boca aunque disguste al
papa, al obispo o a otro cualquiera, y digo así:
que según institución de Cristo y sus apóstoles,
cada ciudad debe tener un cura u obispo, como
Pablo claramente dice (Tito, 1, 6), y que este
cura no está obligado a vivir sin mujer legítima,
sino que pueda tener una como San Pablo escribe (1.ª Timoteo, 3, 2, y Tito, 1), diciendo:
«pues es necesario que el obispo sea irreprensi-
ble, marido de una *sola* mujer, que tenga sus hijos en sujeción con toda honestidad». Porque un
obispo y un cura es una misma cosa para San Pablo, como lo expresa también San Jerónimo.»

En 1522, en su folleto *Contra el estado del papa
y de los obispos que se consideran falsamente como
clase sacerdotal,* profundizaba más sus razones
tomadas de las Sagradas Escrituras, como en la
explicación de 1.ª Corintios, 7. Y cual defiende
el matrimonio de sacerdotes, así también aboga
por que los caballeros de la orden de San Juan
tengan libertad para casarse, y las monjas para
abandonar los monasterios. Nunca hombre alguno ha sido mejor armado para abrir brecha en el
baluarte del papado, para exhibir el buen fundamento de una doctrina saludable, como él.

La Palabra de Dios y su buen sentido le asis-
tían en la comprensión de la voluntad divina; y
su clara inteligencia, su santa indignación y el
incisivo sarcasmo que sabía manejar con acierto,
todo le ayudaba para defender una cosa que la naturaleza y la revelación califican con igual vigor
como buena. Podrá parecer algunas veces, como
si en la lucha contra el error no se elevase a comprender el matrimonio como institución divina y
agradable a Dios, es decir, que insiste demasiado en que el sacerdote ha de casarse para no pe-
car, y no comprende aún bastante la vida santa
y benéfica que se desarrolla por la familia. La
culpa de esto la tiene Roma, porque había profanado con sus doctrinas esta institución divina.
Sin embargo, es de maravillar cuán pronto un
antiguo discípulo de Roma comprendió sólo
por la Palabra de Dios la verdad principal.

Dice que el celibato clerical no es un estado
sagrado, porque le falta la consagración de la
conformidad con la Palabra de Dios, mientras
el matrimonio que tiene esta conformidad es por
lo mismo en verdad un estado sagrado; y da
precisamente en el blanco, cuando pone en con-
traposición, por una parte, los pecados abominables con los cuales puede un sacerdote quedar
en su estado sacerdotal, y por otra la santa y
divina institución del matrimonio que, según la
doctrina romana, destruye el sacerdocio: «Ningún pecado y vergüenza, por grande que sea ni
por muchas veces que sea practicado en todo el

mundo, les impide ser y hacerse sacerdotes con
la sola excepción del santo martimonío, al cual
ellos mismos llaman y confiesan ser un sacramento e institución divina. Y esta única institución divina no puede ser armonizada con el sacerdocio.› Especialmente afirma que para el celibato no hace falta la fe, mientras el matrimonio
promueve la fe y todas las virtudes cristianas.
‹Mirad los clérigos que hasta ahora han gozado
de tanta fama de santidad, y veréis ante todo
que están bien dotados con todo lo que les
hace falta para las necesidades de la vida; que
tienen comida, vestido, casa y dinero segurísimo
y con toda abundancia, por el trabajo y el sudor
de otros ganado y entregado; de manera que por
todo esto no tienen cuidado ninguno ni quieren
tenerlo: en suma, la fe en este estado no tiene
lugar, ni sitio, ni tiempo, ni obra, ni práctica.
Porque ellos están sentados en medio de su ha-
cienda con todo sosiego y seguridad, y no hay
allí *substancia rerum sperandarum,* confianza de
los bienes que no se ven, que es la esencia de la
fe (Hebreos 11, 1), sino *certitudo rerum possessa-
rum,* seguridad completa de los bienes presentes.
Pero si tomas mujer y te casas, entonces es tu
primer cuidado de qué has de alimentarte a ti, a
tu mujer y a tus hijos, y esto dura por toda tu
vida; de manera que el estado casado tiene de sí
mismo esta condición, que enseña y nos mueve
a mirar la mano y la gracia de Dios, y así nos
obliga a creer. Y también vemos que donde falta

la fe en el estado de matrimonio allí es la existencia pobre y miserable, llena de cuidados y
quejas y trabajos. De esto se ve, por lo tanto,
que la misma naturaleza del estado casado es la
que mueve y obliga y empuja al hombre para
entrar en la facultad más espiritual, más interior
y más elevada, es decir, la fe, porque no hay
ciencia más elevada y más interior que la fe,
porque ésta se adhiere solamente a la Palabra de
Dios, y queda desnuda y privada de todo lo que
no es Palabra divina.»

Por cinco años había reivindicado ya Lutero
al matrimonio su derecho natural como santo e
instituído por Dios; pero todavía él mismo no
pensaba en casarse, aunque la incomodidad de
su vida privada le hubiera podido mover a ello.
Todavía seguía viviendo en su convento solo
con el que antes era su superior. Nadie le asistía
en esta celda monástica; muchas veces se echaba por la noche fatigado del trabajo sobre una
cama que ninguna mano amable le había preparado. Sólo con los amigos tenía de vez en cuando un rato de expansión. Bastante le han calum-
niado sus enemigos porque bebía con los otros
doctores cerveza y tocaba el laúd; pero todavía
se resistía a entrar en el estado matrimonial,
aunque pocos tenían un corazón tan bien dispuesto para los afectos de la familia como
Lutero.

En la conclusión de su tratado de *los monasterios y los votos eclesiásticos* había dicho a sus ad-

versarios, con aquella sana ironía que le era propia: «Aquí los corazones castos, los santos sacerdotes a quienes nada agrada sino lo que ellos mismos dicen o hablan, abrirán su boca y gritarán: —¡Oh!, cómo le oprime a este fraile su hábito y cuánto desea tener mujer!— Pero deja que calumnien los santones y corazones castos, deja que sean de hierro o de piedra como ellos mismos se figuran; pero tú no niegues que eres hombre, que tienes carne y sangre, y deja que luego Dios juzgue entre estos héroes fuertes y angélicos y el pobre pecador; no me quisiera yo parecer a tales corazones; lo sentiría en el alma y que Dios en su gracia me guarde de ello.»

Pero aunque no sentía gran inclinación al matrimonio, ya se había declarado en su favor, y «la confesión ha de ser perfecta—dice en sus discursos—confesión por palabra y hecho: porque antes de tomar una mujer ya había yo resuelto conmigo mismo de honrar el estado del matrimonio, y si de repente hubiera caído mortalmente enfermo, me hubiera hecho casar con una doncella piadosa, dándole dos copas de plata como dote.»

Vivía entonces en Wittemberg una doncella de noble cuna, Catalina de Bora, que hacía diez años había entrado en el convento de Nimptschen; pero a consecuencia del movimiento de la Reforma había sido libertada de él con ocho compañeras, y vivía hacía dos años en la casa del secretario del Ayuntamiento, Reinchenbach;

aquélla fué la que eligió por su mujer. Los enemigos ya acechaban este paso del Reformador,
y hasta sus mismos amigos lo estaban temiendo.

«Si este fraile se casa—dijo su amigo Jerónimo
Schurf—, todo el mundo y hasta el mismo diablo
se echarán a reir de escarnio, y su obra iniciada
se perderá.» Mas esta palabra produjo en Lutero
el efecto contrario. Valerosamente se levantó,
diciendo: «Precisamente por esto lo voy a hacer,
para burla del mundo y del diablo, y alegría de
mi anciano padre.» Y de una vez puso fin a las
calumnias de los enemigos y a los temores de
los amigos. El mismo dice: «Si yo no hubiese
verificado mi casamiento de repente, silenciosa-
mente, y sólo con conocimiento de pocos, todos
lo hubieran impedido; porque mis mejores amigos hubieran gritado: Esa no; esta otra.»

En la tarde del 13 de junio de 1525 invitó a su
casa a una cena a Lucas Kranach, el célebre pin-
tor, uno de los más importantes ciudadanos,
consejero y secretario del Ayuntamiento, y a su
esposa; al doctor Apell, catedrático muy estimado y afamado de cánones, que se había convertido a la fe evangélica, y además a los primeros
pastores de la ciudad, Justo Jonas, párroco, y
Juan Bugenhagen, y ante estos testigos casó con
Catalina. Quince días más tarde, el 27 del mismo
mes, celebró una fiesta mayor y pública, convi-
dando para ella a muchos hombres importantes,
sobre todo, por el deseo de la presencia de sus
padres, que aún vivían. No hay duda de que Lu-

tero quiso, por una parte, evitar ruido innecesa-
rio, y por otra parte, con los testigos tan importantes que había convidado, sellar su matrimonio
con el sello de una legitimidad perfecta. No era
la belleza de su Catalina la que le había movido
al casamiento; sus retratos nos presentan una
mujer de una constitución sana y fuerte y faccio-
nes vivas e inteligentes, aunque de nariz un poco
irregular y pómulos algo salientes; no era un
amor fantástico el que le había movido; era la
seguridad de que su matrimonio contribuiría al
adelanto de la obra de la Reforma, a la renovación de las costumbres, según la Palabra de
Dios.

Así se fundó la casa doméstica del pastor
evangélico, y desde entonces, la familia del pastor, el ministro de la Palabra y su esposa, los
padres y los hijos, amos y criados, huéspedes y
hospedados, han ofrecido en la Iglesia cristiana
cuadros mil que regocijan a los ángeles; y no
hay en ella, como en la casa del cura romano, la
falsamente llamada espiritualidad con que se
mortificaban un Jerónimo y un Agustín, un Bene-
dicto y un Francisco, con sufrimientos secretos,
ni tampoco esa carnalidad desenfrenada en que
caen tan fácilmente los que se quieren considerar santos; no hay la soledad tétrica del sacerdote severo, ni la compañía licenciosa del sacerdote liviano. Todo lo que una casa de un cristiano
debe encerrar de la paz de Dios y de la bondad
humana se encontraba en la casa del pastor

evangélico. La cristiandad debe ser como un cuerpo cuya cabeza es Cristo y cuyos miembros se han de ayudar mutuamente para que crezca todo él con una salud perfecta. Se altera la salud del cuerpo si un miembro se desarrolla demasiado y quita el jugo a los demás. Hasta el tiempo de la Reforma en la cristiandad se había desarrollado demasiado el sacerdocio en su propio perjuicio y en perjuicio de la familia y el Estado, que también son órdenes instituídos por Dios. Desde el momento en que Lutero restableció los límites del estado de los pastores, según la Palabra de Dios, desde entonces la familia y las autoridades recobraron también su posición evangélica.

Con este enlace se separó el Reformador completa y definitivamente de las instituciones papales, animando a las almas ansiosas y débiles a seguir su ejemplo, y a renunciar para siempre a los errores papistas.

Se culpa a la Reforma de haber profanado el sacerdocio, y los romanos no quieren considerar a los pastores de la Iglesia Evangélica como ministros de Dios; pero en realidad la Reforma ha enseñado lo que estaba ya olvidado: el fundamento sólido del sacerdocio de todos los fieles, en el cual se funda el ministerio especial de los ministros de la Palabra. Vindicando así el sacerdocio general a todos los creyentes, no ha quitado importancia por eso al ministerio que predica la reconciliación con Dios, y que admi-

nistra la Palabra divina y los sacramentos, pues
ensalza a la vez la dignidad del ministerio de
la predicación como de un cargo u orden establecido por Dios. Pero este oficio en sí no da a
los predicadores ningún carácter diferente al que
deben tener todos los creyentes a quienes Jesucristo ha hecho reyes y sacerdotes ante Dios y
su Padre.

Por el matrimonio de los pastores éstos empe-
zaban a enseñar ya no sólo de palabra, sino
también por el ejemplo, lo que debe ser una
casa cristiana; ningún cura podía decir con una
conciencia tan tranquila y alegre lo que dice
Martín Lutero a su esposa: «La mayor gracia y
don de Dios es tener una mujer piadosa y amable, a la que puedas confiar todos tus bienes y
lo que tienes, hasta tu cuerpo y tu vida, engen-
drando hijos con ella. Catalina, tienes un esposo
piadoso y que te ama; tú eres una emperatriz, y
yo doy gracias a Dios.» Y un sacerdote que no
es padre, no puede decir como Lutero: «¡Oh
buen Dios! ¡Cómo le palpitaría el corazón a
Abraham cuando debió sacrificar a su hijo único
y muy amado Isaac! ¡Con qué pena caminaría al
monte Moriah! No diría a Sara nada de ello.»
Entonces Catalina replicó: «No puedo yo comprender cómo Dios podía exigir cosa tan cruel
de un padre.» Y contestó el Dr. Lutero: «Querida Catalina, ¿no puedes creer que Dios ha hecho
morir a su único Hijo, nuestro Señor y Salvador
Jesucristo, por nosotros, aunque nada había en

el cielo y en la tierra que amara tanto como él...? Abraham debió creer que había una resurrección de los muertos, porque antes ya tenía la promesa de que de la simiente de Isaac saldría el Mesías del mundo.» Otra vez, ensalzando el matrimonio como un estado feliz, dice: «¡Ay! ¡Cuánto deseaba yo ver a los míos cuando estaba en Schmalkalda enfermo de muerte! No pensaba volver a ver a mi esposa y a mis hijitos, y ¡cuánto sentía esta separación! Pero ahora, siendo restablecido por la gracia de Dios, los amo aún más. Y ninguno hay tan espiritual que no sienta este afecto y amor innato y natural, porque el enlace y comunión ente hombre y mujer, es una cosa grande.»

Mucha importancia da también a la obediencia de los hijos y de los criados en la casa. Como él estaba en aptitud de juzgar las obras de los frailes y monjas, siempre ensalza las obras verdaderamente buenas y la sencillez de la obediencia a la Palabra de Dios: «¡Que vengan con todas sus obras grandes, difíciles y meritorias, a ver si pueden nombrar una que sea más noble y grande que el obedecer al padre y a la madre!» Se burla de los que inventaron las obras que se dice hizo el Señor Jesús cuando niño: «En esto está dicho todo: obedeció a sus padres. No eran aquellas obras las que nos cuentan los evangélicos apócrifos que hacía en su niñez pajaritos y otros animalitos; tampoco eran las obras de los conventos, pues ¿qué es lo que hacía? Hacía precisamente lo que necesitaba el padre y la madre: traía agua, leña, bebida y comida; pan, carne, etc; cuidaba de la casa y otras cosas por el estilo, como otro niño cualquiera. Estas cosas ha hecho el querido Jesús, y todos los niños que quieran imitarle y ser piadosos, deberán decir: «No soy digno de tener la honra de poder imitar al Niño Jesús, haciendo lo que ha hecho mi Señor Cristo. Si El ha recogido la leña, y hecho todo lo que le han mandado sus padres, ¡qué buen niño seré si sigo su ejemplo!»

Y como las obras de la obediencia filial, alaba también la obediencia de los criados. Si una pobre criada dice: «Ahora hago la cama, barro la habitación, hago el quehacer de la casa, ¿quién me lo ha mandado? ¿Mi amo o mi ama? ¿Quién les ha dado tal poder sobre mí? Dios. Entonces es verdad que sirvo, no sólo a ellos, sino a Dios en el cielo, y que así agrado a Dios. ¿Cómo podía yo ser más feliz? Porque es lo mismo que si guisara para Dios.»

La obra gigantesca que Lutero tenía que hacer para la cristiandad, no perjudicó a su deber para con sus domésticos; a la oración diaria añadía él en el domingo un discurso en casa: «Estas predicaciones—escribe él en su prólogo *a sus oraciones domésticas*—he hecho de vez en cuando en mi casa y ante mis criados, para hacer como padre de familia lo que era de mi parte, a fin de que los criados fuesen enseñados y viviesen cristianamente. Así lo hacían los pa-

triarcas en sus casas y con sus criados; y cuando
leemos que Abraham, Isaac y Jacob edificaron
altares y predicaban, allí también vendrían los
vecinos de las aldeas cercanas; porque el patriar-
ca no haría un altar para sí solo, sino que irían
con él su mujer, hijos, criados y criadas, y ora-
rían como él les enseñaba.»

No olvidaba el tener cuidado especial de las
almas de los suyos. Habiendo amonestado una
vez a su Catalina a que leyese diligentemente
las Sagradas Escrituras, especialmente el salte-
rio, ella contestó: «Ya oigo y leo bastante.»
Entonces Lutero lanzó un suspiro y la reprendió
por estar ya cansada, y le advirtió que tuviese
cuidado de no caer en fastidio de la Palabra de
Dios, creyendo saber ya todo, y, sin embargo,
entendiendo tanto de ella como un ganso. Y
cuando otra vez, en el año 1535, estaba ella
afanosa en sus quehaceres, porque era mujer muy
económica y trabajadora, él le prometió cincuenta florines si quería comenzar a leer toda la
Biblia seguida y acabarla antes de las Pascuas.
A todos sus criados los alentaba a leer la Palabra
de Dios y a aprender bien los Evangelios, cánticos y catecismos. Y cuando los niños y los
criados debían decirle su catecismo y se corta-
ban, entonces le recordaba el último juicio, en
que todos hemos de dar cuenta franca y abiertamente.

Una historia vamos aún a referir para probar
de qué influencia ha sido para toda la cristiandad

el restablecimiento del sagrado y divino orden del matrimonio en la casa de los pastores evangélicos.

Era en marzo de 1530. El príncipe elector había hecho venir los teólogos a Torgau, para que concertasen los artículos de la confesión que habían de presentar en la Dieta de Augsburgo. La política no se presentaba favorable a la Reforma, y especialmente Melanchton, sobre el cual pesaba la mayor parte del trabajo, se sentía triste y fatigado. Una vez, volviendo a su habitación, encontró allí las mujeres del párroco y de los dos capellanes con sus hijos. Algunos estaban mamando, otros mayorcitos ya recitaban su catecismo y sus oraciones. Melanchton, escuchando la voz balbuciente de los niños, se acuerda del texto del Salmista: «Por boca de los niños y de los que maman, fundaste tu fuerza a causa de tus enemigos.» Especialmente le conmovió el cuadro de la mujer de un capellán que daba de mamar a su niño, escuchaba la oración de otro y preparaba la cena para su marido. «¡Ay, qué obra tan santa y agradable a Dios!» —exclama Melanchton—, y se vuelve a los otros teólogos con rostro alegre y confiado. Lutero le pregunta qué era lo que le había cambiado tan de repente, y él contesta: «¡Oh señores míos! No debemos perder el ánimo, porque acabo de ver a los que lucharán por nosotros, que nos protegerán y que serán y nos harán invencibles contra todos los poderes del mundo.» Lutero pre-

guntó quiénes eran estos valientes héroes, y
Felipe contesta: ‹Son las mujeres y niños de
nuestro párroco y de los capellanes, cuya oración he escuchado: hasta ahora el fiel Dios y
Padre de nuestro Señor Jesucristo no ha despreciado esta su oración.› Esto dió a los teólogos
gran alegría y confianza, tanto que perseveraron
firmes en la verdad y dieron con valentía su testimonio evangélico.

Pero volvamos a Lutero.

El matrimonio fué hasta el fin muy feliz. Catalina merecía, tanto por su inteligencia y discre-
ción, como por su piedad y amabilidad, la estimación cumplida y el cariño del Reformador.
Cuando, un año más tarde, escribía a un amigo,
que Dios le había concedido un hijo el 7 de julio
de 1526, añadió: ‹Te saluda Catalina, mi esposa,
y te da las gracias de haberla honrado con carta
tan cariñosa. Está bien (gracias a Dios), es com-
placiente, obediente y graciosa en todo más de
lo que yo podía esperar, a Dios sean dadas las
gracias; de suerte que no quisiera cambiar mi
pobreza con los tesoros de Creso.› Su amor
hacia ella no fué como fogata de virutas, sino el
producto sagrado de un corazón rico en los sentimientos humanos más tiernos y profundos.
Tenemos aún hoy día muchas cartas que Lutero
escribió a su esposa, en las que la apellida con
los nombres más lisonjeros y jocosos, aun tratando de cosas grandes lo mismo que pequeñas;
y siempre, ya hablase en serio o jocosamente,

Púlpito y sepulcro de Lutero en la Iglesia de Wittemberg

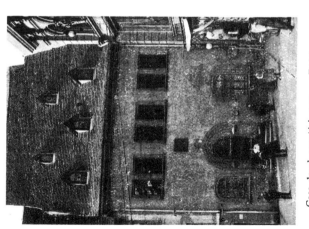

Casa donde murió Lutero, en Eisleben

le muestra la más profunda estimación y cariño.

Es verdad que no faltaron algunas pequeñas disensiones; ¿qué cielo hay que no tenga nubes?; mas no por causas graves. Lutero era excesivamente generoso para con los pobres, a la vez que no tenía mucho salario. Cuando un pobre le pedía socorro, le daba hasta su último escudo, su misma copa de plata, y un día dió hasta el regalo del padrino a su mujer; de todo se deshacía de buena voluntad. En cierta ocasión, después de buscar por mucho rato algo que dar, encontró un escudo que contenia el retrato de Joaquín, y exclamó alegremente: «¡Hola! Sal, Joaquín, Jesucristo está a la puerta y te necesita.» Esta generosidad pareció muchas veces exagerada a su económica esposa, que le hizo varios reproches blandamente; mas por fin se acomodó a un honesto pasar, según la voluntad de su marido.

Algunas veces llama Lutero a su Catalina su Señor y su Moisés Catalino; otra vez la recomienda a un huésped de Inglaterra como maestra en la elocuencia alemana; y si en ocasiones se desbordaba la corriente de aquella elocuencia, solía preguntarle si había olvidado el orar el Padrenuestro antes de un discurso tan largo. Lutero sabía muy bien hacer respetar aquella Palabra de Dios: «El marido es la cabeza de la mujer.» Y por cierto que ella no turbaba la paz doméstica; ella valía más a sus ojos que el reino de Francia y el señorío de Venecia; y cuatro años antes de su muerte da testimonio en su testamento de que ella, como esposa piadosa, fiel y honrada, siempre le había amado, reverenciado, estimado y cuidado bien.

Muchas veces Lutero rehusaba regalos de sus amigos, hasta del mismo elector. Los libreros le ofrecieron darle hasta cuatrocientos duros anuales por la edición de sus libros; mas él no lo aceptó, diciendo que «no quería vender los dotes que había recibido de Dios». Todas sus lecciones eran gratuitas.

Lutero tuvo de su Catalina seis hijos, de los cuales dos murieron muy niños. El primogénito se llamó Juan; murió ya doctor en Derecho, en 1575, en Koenigsberg. La segunda era Isabel, que murió cuando tenía sólo ocho meses. La tercera, Magdalena, que llegó hasta los quince años. El cuarto, Martín, muerto en 1565. El quinto, Pablo, médico de cámara de diferentes príncipes, murió en 1593. La sexta, Margarita, casada con el Sr. de Kunheim, y murió en 1570.

En el trato con sus hijos manifestó Lutero su corazón fiel, cariñoso e infantil hasta el encanto. Era un padre ejemplar, educaba a sus hijos con benigna clemencia y mansedumbre, en disciplina y amonestación cristiana, y lo mismo que interpretaba el Evangelio al pueblo tan claramente que todos podían palparlo, sabía despertar en sus hijos el amor hacia su Salvador de una manera dulce y digna. No tiene igual la carta que escribió en el año 1530 a su hijo Juanito, de cuatro años; es el lenguaje más ingenioso de poesía infantil. Dice así:

«Gracia y paz en Cristo Jesús, mi muy querido hijito. Veo con mucha alegría que estudias diligentemente y oras con amor. Hazlo así sin cesar. Cuando yo vuelva a esa, te llevaré cositas muy lindas. ¡Y escucha! Sé de un jardín muy bonito y precioso, por el cual andan muchos niños. Tienen vestidos dorados; recogen sabrosas manzanas, cerezas, peras y ciruelas de debajo de los árboles; cantan y corren; en una palabra, se divierten muchísimo. Tienen también caballitos con bridas de oro y sillas de plata. Y cuando pregunté al Señor, dueño de aquel jardín, quiénes eran aquellos niños, me contestó: «Son los niños a quienes gusta estudiar, orar y ser piadosos.» Y yo le dije: «Querido Señor, tengo un niño llamado Juanito; ¿no podría también venir a este jardín para comer estas exquisitas frutas, montar en estos preciosos caballitos y jugar con estos niños?» Entonces el Señor me respondió: «Si le gusta orar, si es bueno y aplicado, no hay inconveniente en que venga: además puede traerse a Felipe y Justo, y recibirán desde luego pitos, tambores, ballestas para tirar; también podrán cantar y bailar.» Y entonces me enseñó en aquel jardín una pradera magnífica, preparada para la danza, donde había pitos de oro, tambores y ballestas de plata.

»Pero como era todavía muy de mañana, y los

niños estaban sin almorzar, no pude esperar a la danza, y así dije a aquel Señor: «Querido Señor, voy a escribir a mi hijito para que ore mucho, sea aplicado y piadoso, a fin de que pueda entrar en este jardín. Pero tiene una tía muy querida; ésta debe acompañarle.»

»Y él me dijo: «Sea así, ve y díselo.» Pues, querido Juanito; te encargo que seas aplicado y ores con amor; dilo a Felipe y Justo también, para que podáis ir juntos al jardín.

»Y con esto te encomiendo en las manos del Dios Todopoderoso; saluda a tu tía Magdalena y recibe un abrazo de tu querido padre.—MARTIN LUTERO.»

Mas al lado de esta benignidad y espíritu infantil, nunca olvidó Lutero la gravedad necesaria para con sus niños. Si cometían faltas, también sabía imponerles castigos, y ninguno de sus niños le causó pesadumbres. Todos llegaron a ser hombres honrados.

Así podemos formar una idea del cuadro bellísimo que se presentaría en la antigua casa de Wittemberg: el padre sentado junto con su Catalina, con sus niños alrededor, contándoles leyendas serias y jocosas, o cantando con ellos un himno de alabanzas a Dios; o en la Natividad, cuando el niño Jesús traía sus regalos, y Juanito y Pablito y Martín, Rita y Luisa saltaban alrededor del árbol de Navidad, espléndidamente iluminado, llenando el cuarto de voces de alegría. ¡Qué contento y dicha sentirían entonces

los padres Martín y Catalina! ¡Cómo resplande-
cería en su rostro la alegría de los niños! Toda
la vida doméstica de Lutero, prueba aquel dicho
de un célebre sabio, que «Lutero, con su cabeza
tocaba al cielo, a la vez que sus pies estaban en la
tierra.» Lutero no era melancólico o místico; estando seguro de una vez para siempre de su salvación, y habiendo logrado la libertad verdadera
que sabe usar del mundo sin abusos, disfrutó de
los placeres inocentes de la tierra, sin escrúpulos
de ningún género; siendo puro él, todas sus
obras eran puras.

El mismo díjo: «Dejemos a los frailes mudos
y contumaces mirar su tristeza y silencio como
santidad y culto; alegrarse es pecado si es obra
del diablo; mas alegrarse con hombres honrados
y piadosos en el temor de Dios, en modestia y
honestidad, complace a Dios, porque El mismo
ha mandado que nos alegremos delante de El,
y no le gustan ofrendas tristes.» Estando en casa
le gustaba, después de haber pasado la mayor
parte del tiempo estudiando en su despacho,
tener en la mesa una agradable reunión para la
distracción necesaria. A menudo él mismo dirigía la conversación, sabiendo divertir y dar expansión a sus huéspedes, uniendo maravillosamente lo serio con lo jocoso. Sus amigos han
coleccionado anécdotas y chistes pronunciados
en tales ocasiones, que andan impresos bajo el
título de *Conversaciones de mesa del Dr. Lutero.*
Es verdad que en alguna ocasión Lutero no era

todo lo escrupuloso que debiera en escoger sus
frases; mas querer calumniarle por esto como lo
han hecho muchos, tratando de atacarle en la
comida y junto al vaso de cerveza, por no po-
derle vencer en las Dietas y en el púlpito, es
manifiesta injusticia. Además, hay que tener en
cuenta que el lenguaje familiar hace trescientos
años era muy diferente al de hoy, tenía algo de
duro; pero en lo demás, era franco y leal.

También buscaba a veces Lutero su recreo en
la naturaleza libre. No lejos de Wittemberg hay
un pozo rodeado de encinas y tilos, que hoy día
se apellida aún la fuente de Lutero. Allí iba
muchas veces, acompañado de su familia y amigos; y en tales ocasiones, recordaba la fuente
de Jacob en Sichar, y la conversación que allí
tuvo Jesús con la Samaritana. Encontraba también placer especial en sus jardines, de los cuales tenía varios fuera de las puertas de la ciudad.
La mayor parte los cultivaba por sí mismo; y
así escribía un día a su amigo Spalatin: «He
cuidado mi jardín y arreglado mi pozo, y todo
ha ido bien; ven a verme y te obsequiaré con
rosas y azucenas. Si Dios me conserva la vida,
voy a salir jardinero.» Y en otra ocasión: «El
mundo no conoce ni a Dios su Criador, ni a sus
criaturas. ¡Ah! Si Adán no hubiese pecado,
¡cómo reconocería el hombre a Dios en sí mismo;
pero lo reconocería, alabaría y amaría también
en todas sus criaturas; de tal suerte, que en la
más pequeña flor hubiera considerado y visto la

omnipotencia, sabiduría y bondad divinas! Ahora estamos en la aurora de la vida que ha de venir, porque volvemos a lograr el conocimiento
de las criaturas que perdimos por la caída de
Adán; ahora miramos las criaturas bien y mejor
que en el papismo, principiando por la gracia de
Dios a reconocer sus magníficas obras y mara-
villas, aun en las florecitas; en ellas vemos el
poder de su palabra; ¡qué poderosa es cuando
El dijo y todo fué hecho!» Disfrutando así de la
naturaleza con su ingenio contemplativo, la crea-
ción era para él una revelacion divina de lo in-
visible y lo espiritual. Así, comparaba la Biblia
a un hermoso bosque, en el cual no había ningún árbol que no llevara frutas de oro.

En una hermosa tarde de primavera (1541),
entre sentimientos mezclados de gozo y ansiedad, como algunas veces nos sorprenden en la
estación deliciosa de mayo, dijo a Justo Jonás:
«Si el pecado y la muerte fueran quitados de en
medio, ya podríamos contentarnos con tal paraíso; mas será mucho más delicioso cuando este
viejo mundo sea renovado enteramente, y prin-
cipie la primavera eterna que ha de permanecer
para siempre.» Cuando el mal tiempo le impedía
buscar con los suyos solaz y diversión en la naturaleza, libre después del estudio, apelaba a
otras diversiones domésticas; sabía jugar al aje-
drez, y a veces hacía trabajos de tornero; mas
su placer favorito era la música. Rodeado de sus
amigos y de sus niños cantaba los primeros him-

nos evangélicos. «No pocas horas amenas—nos dice el maestro de capilla del elector, Juan Walther—he pasado junto con él cantando, y a menudo veía que con el canto el espíritu de este grande hombre se ponía tan alegre, que no podía contenerse, ni se cansaba de cantar. Él mismo ha compuesto la música para los Evangelios y Epístolas, y me la ha cantado pidiendo mi parecer; una vez me detuvo por tres semanas enteras en Wittemberg hasta cantarse la primera misa evangélica en la iglesia parroquial. Por fuerza me hizo asistir y llevarla luego a Torgau para presentarla al elector.»—«Durante y después de la comida—nos refiere Mathesio—, el doctor cantaba algunas veces; también sabía tocar el laúd; yo le he acompañado con frecuencia, y entre los cánticos insertaba buenos sermones. Teniendo una vez, en Adviento de 1538, en su casa buenos cantores que ejecutaban hermosas composiciones, exclamó conmovido: «Cuando nuestro buen Dios derrama tan magníficos goces en esta vida, ¿qué será en aquella vida eterna? Aquí tenemos sólo un principio.»

Antes hemos ya mencionado los magníficos frutos que reportó la Iglesia evangélica de esta afición de Lutero a la música. En el preámbulo a la mencionada colección de himnos espirituales y salmos dice: «que eran compuestos a cuatro voces, porque quería que los jóvenes, debiendo ser educados en la música lo mismo que en otras buenas artes, tuviesen alguna cosa con qué subs-

tituir las coplas y cantares licenciosos, reempla-
zándolos con canciones de provecho, para aprender de esta suerte lo bueno de buena gana, como
corresponde a la juventud». Ojalá que se hubieran cumplido estos deseos en todas partes.

Con todo, no le faltó en casa a nuestro Lutero
la cruz doméstica; él mismo pasó varias veces
por graves enfermedades, pero el golpe más
fuerte que sufrió, fué la muerte de su querida
Magdalena, que expiró en los brazos de su padre, orando, el 20 de octubre de 1542, a la edad
de catorce años; mas, como fiel discípulo del
Salvador, llevó esta cruz con resignación y sa-
crificó al Señor, aunque con pena, lo más querido que poseía. «La amo de corazón—dijo orando
al lado de su cama—; mas, Dios mío, si es tu
volutad, si tú quieres tomarla, también me será
grato verla unida contigo en el cielo.» A su pregunta: —Magdalena, hijita mía, ¿quieres quedar-
te aquí con tu padre, o también te gustará irte
al Padre de arriba?—contestó la moribunda:
—Sí, sí, padre de mi alma, como Dios lo quiera.—«¡Oh, Lena mía querida, qué bien estás
ahora—dijo al lado de su ataúd—; tú resucitarás
y brillarás como una estrella, como el mismo sol!
Sí; estoy alegre según el espíritu; mas según la
carne, estoy muy afligido: la carne no quiere
consentirlo, la separación le duele a uno sobre-
manera.» Después del entierro dijo: «Ahora mi
hija está bien guardada, tanto de cuerpo como
de alma; nosotros, cristianos, no tenemos nada

de qué quejarnos, sabiendo que así ha de ser;
estamos segurísimos de la vida eterna: Dios, que
nos la ha prometido por su Hijo, no puede men-
tir. Si mi hija, volviendo a la vida, me trajera un
reino, no la querría; ella ha ido bien; bienaventurados los muertos que mueren en el Señor; el
que muere así tiene asegurada la vida eterna.»
Esta oración nos trae a la memoria la del piadoso Job: «El Señor lo ha dado, el Señor lo ha
quitado; sea alabado el nombre del Señor.»

CAPÍTULO XIII

ÚLTIMOS DÍAS Y MUERTE DE LUTERO

La noche se acerca, el sol va declinando y las sombras se alargan. Sombras y muy tristes cubrieron también algunos días el fin de la vida de Lutero. En los últimos años sufrió mucho del mal de piedra; tenía además reuma en la cabeza, que le causaba vértigos, y zumbidos en los oídos. A estos dolores de cuerpo, se agregaban otros que daban más pena al corazón. El combate con los papistas todavía no había concluido.

En el año 1543 volvió a declararse la lucha con los calvinistas con mayor furia; aun en medio de la Iglesia luterana había disensiones causadas por un tal Agricola, que afirmaba que la ley moral mosaica ya no tenía valor, y se debía abrogar en la Iglesia. Pero lo que más afligía a Lutero era que los frutos de la pura doctrina del Evangelio, adquirida por él con tantas penas, combates y luchas, eran muy excasos. Se lamentaba de que, salvo algunos que habían aceptado el Evangelio seria y agradecidamente, los demás eran tan ingratos e impertinentes y torcidos, que no vivían de otra manera que como si Dios les hubiese dado su Palabra y salvado del papismo, para poder hacer y dejar libremente lo que les diese la gana, sirviéndoles así su Palabra, no para su gloria y salvación, sino más bien para su perversión. La nobleza quería apoderarse de todo lo que poseía el aldeano, y los simples ciudadanos querían hacerse príncipes; por otro lado, el aldeano subía los cereales, causando hambre por este su mal proceder, mientras que los géneros no escaseaban; el artesano en su oficio ponía los precios a su capricho. Los criados de las casas se daban a la holganza, al hurto e infidelidad y malignidad de todo género, de tal suerte, que todos los padres de familia se quejaban y lamentaban; sobre todo, había algunos nobles y Ayuntamientos, villas, ciudades y pueblos que prohibían a su párroco y demás pastores reprender desde el púlpito sus pecados y vicios, y amenazaban de echarlos fuera o dejarlos morir de hambre, y cualquiera que les robase alguna cosa era inocente. Calcúlese si todo esto sería placer y gusto para el Reformador, o si más bien le obligaría a predicar con voz de trueno la palabra del Señor: «Mirad, haced frutos propios de arrepentimiento y que obre vuestra fe en amor.»

En Wittemberg mismo había tantos desórdenes, que Lutero resolvió abandonar enteramente la ciudad; sólo las peticiones de una diputación especial y la mediación del elector le movieron, por fin, a volver a su hogar. Así, su gozo sobre el campo verde, fruto de la simiente que había sembrado, se disminuyó por la cizaña que, sembrada por enemigos, creció juntamente; mas el Señor no le dejó afligirse mucho tiempo, y le llamó del campo terrestre a su hermoso cielo, donde no hay cizaña entre el trigo ni el mal se mezcla con el bien.

Había una cuestión entre los condes de Mansfeld y algunos súbditos suyos sobre unas minas, y pidieron a Lutero que fuera a componerla. Acompañado de sus tres hijos, el viejo campeón se puso en camino para poner paz en su país natal, el 23 de Enero de 1546. Este iba a ser su último viaje, como lo presintió, que le llevaría a la paz eterna y a la patria verdadera. «El mundo está cansado de mí—dijo—, y yo me canso de él; no nos pesará el separarnos, como el huésped abandona la fonda sin sentimiento.» Su Catalina le abrió toda la congoja de su corazón, pues presentía que no volvería a verle sino en el ataúd. En vano trató Lutero de calmar sus presentimientos con sus cartas, unas jocosas, otras serias: «Lee, Lina mía, a San Juan y el catecismo pequeño, pues quieres cuidar, en vez de tu Dios, como si El no fuera el Omnipotente que puede crear diez doctores Martines, si acaso este viejo se ahogase en el río Saale. Déjame en paz con tus temores; tengo uno mejor que tú y todos los ángeles, que me cuida; está en el pesebre, y una virgen le cría; pero está sentado a la diestra del Dios

Padre Omnipotente; por tanto, estáte en paz.
Amén.»

En Halle tuvo que detenerse unos días por
haberse inundado el río de Saale; mas por fin se
decidió a pasar, con gran peligro de vida. En
las fronteras del condado de Mansfeld los condes le recibieron con mucha alegría.

Apenas hubo llegado a Eisleben, le sobrevino
una indisposición tan fuerte, que se temió por
su vida. Mas se alivió pronto, y pudo predicar
cuatro veces en los veintiún días que se detuvo
en su pueblo natal y asistir a los negocios de
los condes y trabajar mucho en favor de las
escuelas.

El 16 de Febrero fundó el Gimnasio de Eisleben (colegio de segunda enseñanza), hoy día
floreciente aún; pero en todos estos trabajos
sintió mucha debilidad.

Hasta el 17 de Febrero, y eso por las reitera-
das súplicas de su amigo el príncipe de Anhalt,
no abandonó los negocios de la mencionada
contienda arreglada ya en su parte principal. Su
debilidad iba creciendo, y le obligó a guardar
cama; en ella no dejó de edificar a los que le
rodeaban, con conversaciones sobre la única
cosa necesaria, hablando mucho de la muerte y
de la unión venidera con todos sus amigos; un
día concluyó diciendo: «Me han bautizado aquí
en Eisleben; ¡como si debiera morir aquí!»
Después se acercó, según acostumbraba, a la
ventana, y dijo en oración: «Dios mío, te suplico

en nombre de tu Hijo a quien he predicado, que
escuches ahora también mi plegaria, y hagas
que mi patria siga en la pura religión y la verdadera confesión de tu Palabra.»

Poco después las ansias aumentaron consi-
derablemente, se le condujo a su cuarto y le
pusieron en cama; él apretó la mano a todos
sus amigos que le rodeaban afligidísimos, dán-
doles las buenas noches y diciendo: «Padre,
en tus manos encomiendo mi espíritu. ¡Orad
al Señor por su Evangelio para que tenga éxito,
porque el pobre papa y el concilio de Trento están harto enojados contra él.» Luego durmió un
rato tranquilamente; mas a la una de la noche,
el 18 de Febrero, le despertaron los crecientes
dolores del pecho. Todos los remedios que parecían saludables se emplearon, mas todo fué
en vano. Una vez todavía se levantó con el
rostro alegre, pronunciando con voz alta y clara estas palabras: «Me voy, mas tenemos un
Dios que ayuda, y un Señor que salva de la
muerte.» Entonces volvió a echarse, cerró los
ojos y juntó las manos.

Justo Jonas y Coelio le preguntaron última-
mente: «Venerable padre, ¿queréis morir en
Jesucristo y sus doctrinas que habéis predicado?»
Lutero contestó con un claro «Sí». Este sí fué
su última palabra aquí en la tierra. El 18 de Febrero, a las tres de la madrugada, entró el valiente guerrero de Dios en la paz eterna.

Cuando se extendió la noticia de su muerte,

toda la ciudad se conmovió profundamente: los condes y muchos vecinos corrieron a la casa mortuoria, para ver por última vez, con mucho sentimiento y lágrimas, los restos mortales de este hombre querido. Los condes de Mansfeld desearon que fuera enterrado en Eisleben; mas el elector, informado en seguida por el Dr. Jonas de la muerte de Lutero, mandó llevar el cuerpo a Wittemberg.

El 19 de Febrero llevaron el féretro que contenía el cadáver del Reformador a la iglesia de San Andrés, donde Lutero había pronunciado su último sermón, y Jonas dirigió el sermón fúnebre allí a millares de oyentes que lloraban. El 20 de Febrero, a la una de la tarde, salió el féretro, bajo el doblar de las campanas y los himnos de los habitantes, por las puertas de Eisleben.

Muchos vecinos de la ciudad y sus contornos acompañaron sollozando al cadáver gran parte del camino. Los condes de Mansfeld, y cuarenta y cinco de a caballo, acompañaron al soldado de Dios a su último reposo en Wittemberg. En todas las aldeas por donde pasaba la comitiva fúnebre doblaron las campanas. La gente se lamentaba y lloraba. Ante las puertas de Halle, el Ayuntamiento, los colegios y el clero recibieron el féretro y le acompañaron a la catedral, donde la gente, con voz quebrantada, entonó el salmo: «De los profundos clamo a ti, Señor.» Durante la noche estuvo allá el féretro guardado por los ciudadanos. El 22 de Febrero llegaron los condes con el cadáver ante Wittemberg. Los miembros de la Universidad y del Consejo, la vecindad y un gran número de forasteros recibieron aquí a la comitiva fúnebre, y la acompañaron a la Capilla de Palacio, donde debía enterrarse. Bugenhagen pronunció la oración fúnebre ante muchos miles sobre el texto: «Tampoco, hermanos, queremos que ignoréis de los que duermen, etcétera.» (1.ª Tesal. 4. 13, 14.) Habló con tanta emoción, que amenudo tuvo que detenerse por causa de las lágrimas, y todos los oyentes lloraban con él.

Después de haber pronunciado también Melanchton, en representación de la Universidad, a su amigo difunto una oración latina, depositaron los restos del gran hombre en el sepulcro abierto al lado de su púlpito.

El 1817, el rey de Prusia Federico Guillermo III levantó un monumento al Reformador en la plaza de Wittemberg, en prueba de veneración y gratitud. Este monumento de bronce debe dar testimonio a las generaciones venideras de los grandes méritos de aquel varón de Dios para la Iglesia de Cristo. Mas los monumentos de bronce y piedra son roídos por el tiempo.

La obra de Lutero permanecerá mientras dure el mundo, porque

La Palabra de Dios es la doctrina de Lutero. Por eso no perecerá jamás.

NOTAS

SOBRE ALGUNAS DE LAS ILUSTRACIONES

———

Los detalles que en el texto se dan acerca de los lugares donde se desarrollaron algunos episodios de la vida de Lutero, son suficiente explicación de la mayor parte de los grabados que ilustran esta biografía. Hay, sin embargo, algunos sobre los cuales nuestros lectores tendrán interés en saber algo más, y son los que a continuación describimos.

El castillo de Wartburg

El castillo data del siglo XI, y, aunque ha sufrido grandes cambios, conserva aún restos de estilo románico. Uno de los acontecimientos medioevales que más fama le han dado es el gran concurso musical celebrado en sus salas por los *Maestros Cantores* de Alemania, inmortalizados por Wagner.

Aún más conocidas son las leyendas de Santa Isabel de Hungría, esposa del landgrave de Turingia, que vivió en aquel castillo y murió a la edad de veinticuatro años, y cuya bondad, dulzura y abnegación, dieron origen, con el tiempo, a numerosas historias fantásticas, como la conocida *leyenda de las rosas*.

El castillo ha venido a ser una especie de enseña o símbolo de la gran revolución religiosa, iniciada por el que

fué durante breve tiempo su huésped. Se cuentan por
cientos y miles los visitantes que pisan el castillo cada
semana. Todos los años, una delegación de estudiantes,
en la cual están representadas las Asociaciones escolares
de todas las Universidades de Alemanía, va al Wartburg
para honrar la memoria del gran sajón.

El sitio más interesante, sin duda, es el cuarto que
ocupó Lutero, en el cual se conservan retratos de él y de
sus padres; una lámpara de minero, que perteneció al
padre; la hucha que llevaba Lutero cuando era chico en
Eisenach; una carta autógrafa del Reformador, Biblias,
libros antiguos y otros objetos.

Allí se enseña en la pared el sitio donde la tradición
dice que Lutero arrojó el tintero al diablo, que se le apareció. El hecho es considerado por muchos historiadores
como apócrifo, aunque sí es cierto que Lutero pensaba
mucho en el poder y maquinaciones del gran enemigo.

El monumento de Worms

Es el más grandioso y artístico de todos los monumentos levantados a la memoria del Reformador. La base forma un cuadro perfecto; en sus cuatro ángulos están los
cuatro poderosos ayudadores de Lutero; en la parte anterior, a la izquierda, Federico el Sabio, y a la derecha, Felipe el Magnánimo; en la parte posterior está, a la derecha,
Felipe Melanchton, y a la izquierda, Juan Reuclin. Sin el
auxilio de los dos primeros príncipes, el brazo de hierro
del emperador hubiera ahogado en sangre la obra de Lutero, y sin los auxilios científicos de los segundos, maestros del griego y del hebreo, no hubiera sido fácil dar la
traducción en lengua vulgar de la Biblia.

El lado anterior del monumento está abierto; los otros
tres cerrados con una balaustrada; en medio de cada uno
de ellos están las estatuas de tres doncellas representando
tres ciudades: Magdeburgo, ciudad bárbaramente destruída por el furor de los ejércitos imperiales, tiene vela-

do su rostro en señal de duelo. Espira, en actitud de protestar contra la tiranía de la conciencia que el emperador y el papa querían ejercer, y contra todo lo que no sea conforme con la Palabra del Señor. Y Augsburgo, con la palma de la victoria en su mano, pues en dicha ciudad fué concedida y firmada por el emperador la tolerancia a los reformados.

En el centro del monumento se levanta majestuosa la estatua de Lutero, teniendo en la mano izquierda la Biblia, y sobre ella la mano derecha cerrada, apretada y firme, mientras parece repetir, con el rostro levantado al cielo, aquellas palabras pronunciadas ante la dieta: «¡Aquí estoy! No puedo obrar de otra manera. Que Dios me ayude, Amén», que aparecen de relieve en el pedestal.

En las cuatro esquinas del pedestal están las estatuas de cuatro grandes precursores de la Reforma: Savonarola, quemado en Florencia por orden del papa; Juan Huss, que murió de igual modo en Constanza; Juan Wiclef, reformador de Inglaterra, y Pedro Waldo, de Lyon.

La iglesia del castillo de Wittemberg

La iglesia en cuyas puertas clavó Lutero sus tesis, y en cuyo púlpito tronó su voz en defensa de la verdad evangélica, fué reparada a fines del siglo pasado, por iniciativa del piadoso príncipe Federico (después emperador), que recogió los fondos necesarios, y al cual la ciudad de Wittemberg, agradecida, ha levantado un monumento en frente de la puerta de la iglesia.

Terminadas las obras de restauración, el emperador de Alemania, Guillermo II, presidió la ceremonia de inauguración, en 1892, pronunciando palabras elocuentes en alabanza de los grandes beneficios traídos por la Reforma.

Alrededor de la torre de la iglesia están inscritas en grandes letras las dos primeras líneas del himno de Lutero:

«Castillo fuerte es nuestro Dios.
defensa y buen escudo.»

En las puertas, que son de bronce, está fundido en letras doradas el texto íntegro de las noventa y cinco tesis.
El interior de la iglesia es muy hermoso. Alrededor de los
muros y sobre las pilastras de los arcos están los escudos de armas de los príncipes protestantes, y al pie las
estatuas de varios reformadores.

INDICE

Capíts.		Págs.
	Prologo	5
I.	Nacimiento, infancia y juventud de Lutero	7
II.	Lutero, fraile y catedrático	21
III.	Las noventa y cinco tesis	41
IV.	Las negociaciones de los papistas con Lutero	68
V.	La controversia de Leipzig y sus consecuencias	84
VI.	La bula del papa y la señal del fuego . .	109
VII.	La Dieta de Worms	116
VIII.	Lutero en el castillo de Wartburg . . .	134
IX.	La salida de Lutero del castillo de Wartburg	144
X.	Actividad y trabajos de Lutero en los años siguientes hasta la Dieta de Augsburgo .	156
XI.	La Dieta de Augsburgo	179
XII.	El matrimonio y la vida privada de Lutero	193
XIII.	Ultimos días y muerte de Lutero . . .	219

INDICE DE LAS ILUSTRACIONES

		Frente a la página
1.	Martín Lutero. Retrato pintado por su amigo Lucas Cranach.	5
2.	Casa donde nació Lutero en Eisleben	9
3.	Estatua de Lutero en su ciudad natal	9
4.	Casa de la señora Ursula Cotta, en Eisenach	16
5.	El convento de los Agustinos en Wittemberg	48
6.	Puertas de la Iglesia de Wittemberg.	48
7.	Lutero arrojando a las llamas la bula del papa	104
8.	Monumento a la Reforma en Worms	112
9.	El castillo de Wartburg	129
10.	Estudio de Lutero en el Wartburg	129
11.	Casa donde murió Lutero en Eisleben	209
12.	Púlpito y sepulcro de Lutero	209